백천만겁인들
어찌 만나리

유마와 수자타의 대화 2
백천만겁인들 어찌 만나리

글 · 김일수
펴낸이 · 김인현
펴낸곳 · 도서출판 도피안사

2008년 7월 15일 1판 1쇄 인쇄
2008년 7월 20일 1판 1쇄 발행

책임편집 · 이상옥
관리 · 혜관 박성근
인쇄 및 제본 · 금강인쇄(주)

등록 · 2000년 8월 19일(제19-52호)
주소 · 경기도 안성시 죽산면 용설리 1178-1
전화 · 031-676-8700
팩시밀리 · 031-676-8704
E-mail · dopiansa@kornet.net

ⓒ 2008, 김일수

ISBN 978-89-90223-38-8 04220
      89-90223-07-5 (세트)

· 책값은 뒤표지에 있습니다.
· 잘못된 책은 바꿔드립니다.
· 이 책의 내용 전부 또는 일부를 다른 곳에 사용하려면 반드시 도피안사의 서면 동의를 받아야 합니다.

眞理生命은 깨달음[自覺覺他]에 의해서만 그 모습[覺行圓滿]이 드러나므로
도서출판 도피안사는 '독서는 깨달음을 얻는 또 하나의 길'이라는 믿음으로 책을 펴냅니다.

백천만겁인들 어찌인들 만나리

글 김일수 | 사진 이상원

DOPIANSA

오로지 진리를 찾아서

미산현광(彌山賢光) | 중앙승가대학교 포교사회학과 교수, 상도선원 선원장

1.

청심향을 사룬 것처럼 청량합니다. 요즘도 이처럼 순수하고 진지하게 종교적 진리에 대한 성찰과 고민을 하는 분이 계셨음이 놀랍고 신선합니다. 희유한 일이기까지 합니다. 만약 평소 고(故) 김일수[ID: 유마]님이 진리추구에 대한 진지한 태도가 없었다면, 불교의 『대승기신론』을 대하는 순간 그토록 번뜩이는 종교적 예지와 회심(回心)이 과연 가능했을까요. 종교를 삶의 장식쯤으로 생각하는 사람에겐 도저히 불가능한 일이었겠지요. 진리에 대한 진지한 탐구심과 열렬한 구도심, 그리고 자신이 믿는 종교의 진리성을 철저하게 검증하는 탁월하게 열린 마음, 또 진리를 얻기 위해서는 신명(身命)도 바칠 수 있다는 위법망구(爲法忘軀)의 결연한 마음가짐, 이렇게 골고루 잘 갖추지 않고는 도저히 있을 수 없는 불가능한 일일 것입니다.

2.

　　종교도 문화입니다. 문화는 사상이고, 사상은 정제된 생각이며, 생각은 마음 씀〔用心〕입니다. 결국 종교의 근본은 자신의 마음이라는 거죠. 그러므로 이 마음을 제대로 알지 못하고는 그 어떤 가르침도 자신에게 온전한 진리일 수 없습니다.

　　여기 진리의 근원인 마음을 찾아 헤맸던 한 인간의 행로(行路)가 있습니다. 바로 유마님의 행로입니다. 그러나 이 행로는 유마님만의 행로가 아니라 어쩌면 현대인 모두의 행로일 것입니다. 왜냐하면 사람은 본래부터 진리적인 존재이기에 진리를 찾거나 떠나온 진리로 되돌아가는 것은 개개인인에게 본자구족(本自具足)한 본능이고 본성이어서, 억지로 외면하거나 피할 수 없기에 말입니다.

　　유마님은 너무나 진지한 교인이었고 헌신적인 종교인이었습니다. 그런 그가 그동안 자신의 종교에서 풀지 못했던 (마음을 몰랐기에) 문제를 풀 수 있었던 것은 어느 날 우연찮게 마음교과서인 불교의 『대승기신론』을 만날 수가 있었던 것이 연유가 되었습니다.

3.

　　현금의 종교인들은 진리추구에 대한 진지한 탐구심과 무한히 열린 태도가 아닌 독선과 아집에 거의 사로잡혀 있고, 신앙이라는 미명아래 집단이기주의적 행태에 매몰되어 종교 본연의 종교인 모습을 상실하고 있다는 지적이 제기된 지 오래이고, 또한 한두 번의 일이 아니었습니다. 더 이상 종교가 인간을 진정한 행복의 길로 안내할 수 없다고 말하기까지 합니다.

저는 영국 유학시절에 매우 인상적인 패널토론회에 참석한 적이 있습니다. 옥스퍼드대학 인권 동아리에서 주최한 〈종교와 과학과의 대화〉라는 토론회였습니다. 21세기에는 과학이 인간들의 행복한 삶을 이끌어 주는 주도적 역할을 할 것인지, 아니면 아무리 첨단과학시대가 되더라도 인생의 행복과 불행의 문제는 종교의 몫이라는 것인지에 대한 격론이 벌어지고 있었습니다.

약 600여 명의 신학도와 과학도들이 청중으로 참석했고, 저명한 신학자 3명과 과학자 3명이 번갈아 가면서 종교무용론과 과학적 환원주의적 입장을 서로 반박하는 열띤 논쟁의 장이었습니다. 흥미로웠던 점은 토론회 전에 종교 측의 입장을 지지하는 사람과 과학 측의 입장을 지지하는 사람의 숫자를 파악하여 놓고 양측의 주장을 모두 듣고 나서 종교에서 과학으로, 반대로 과학에서 종교로 입장을 바꾼 사람의 수를 알아보는 것이었습니다. 이 토론회에 참석한 패널 토론자 중의 한 분이 요즈음 화제의 책으로 각광받는 『만들어진 신』의 저자 '리처드 도킨스'였지요. 결과는 예견대로 과학자들의 논지에 호응하는 사람들이 훨씬 많아 과학의 판정승으로 끝났습니다.

4.

이 책에서 유마님도 과학이 종교를 점령하는 시대를 예견하고 있습니다. 현대인들은 고대인의 인지에 비하면 월등하게 합리적이듯이, 오늘날의 과학발전 속도로 인류문명이 발전한다면 백년 안에 인류는 태양계를 자유롭게 왕래할 것이고, 천년 내에는 태양계 전체에 골고루 퍼져 살 것이라고 예견합니다. 지금의 인지능력으로 파악했던 신비감과 경외감을 자아내는 신의 영역이 그때에 가서는 아주 일상적이고 평범한 것이 될 것입니다.

그렇다고 종교가 사라진다거나 인간이 알 수 없는 영역이 더 이상 없게 될 것이란 것은 아닙니다. 유일신을 섬기는 종교의 역할이 극히 줄어들어 종교박물관에서나 볼 수 있게 될 것이라는 것입니다. 하지만 불교는 인간들이 고통에서 벗어나는 길을 일관성 있게 제시하고 있으며, 고통의 문제를 푸는 방식이 맹목적인 믿음을 강요하는 것이 아니라 '있는 그대로의 진실'을 왜곡됨 없이 이치에 맞게 인지하도록 하기 때문에, 과학이 아무리 발달해도 불교는 존속된다고 유마님은 이 책에서 주장하고 있습니다.

자신이 믿었던 개신교는 신학적 기반이 취약하여 오직 '믿음'으로 모든 문제를 해결하려는 경향이 강하므로 이 점은 역시 불교에서 배워야 할 점이라고 그는 강조하고 있습니다. 불교도(徒)들도 또한 기독교〔천주교와 개신교 등〕도(徒)의 희생과 봉사정신을 본받아야 한다고 말합니다. 지혜의 발현과 자비의 실현이라는 분명한 이론과 실천체계를 가지고 있음에도 불구하고, 현실의 삶 속에서 자비행을 실천하는데 인색하며 기독교도의 사회구호활동에 비교하면 턱없이 취약한 실정이라는 것입니다. 일리있는 지적이라고 봅니다.

5.

21세기는 다종교사회이고 지식정보사회입니다. 다양한 종교가 유용한 정보를 공유하여 종교간의 벽을 자유롭게 넘나들고 있습니다. 가톨릭 신부님이나 수녀님이 참선이나 위빠사나 명상을 하고 스님들이 찬송가풍의 찬불가를 부르고 일요법회를 하기도 합니다. 종교학에서는 이를 종교접변현상이라고 합니다. 물론 사회저변에는 아직도 자신의 종교와의 다름을 악의 축으로 규정하는 근본주의적 시각을 가진 종교인들이 상당히 많은 것이 사실입니다. 하지만 유마님이 예견한 것처럼 미래시대의 종교는 보편타당성과 합리성을 외면하면 점점 더 입지가 좁아질 것이 확실합니다.

6.

『대승기신론』을 통한 회심(回心)의 종교체험 이전까지는 유마님의 불교에 대한 이해는 전무했다고 합니다. 거의 독학하다시피한 분의 글이라고 믿기 어려울 정도로 불교에 대한 이해가 깊고 표현이 정교합니다. 또 문제의 본질을 꿰뚫는 통찰력과 논의 핵심을 읽어내는 명쾌함이 돋보입니다. 형식면에 있어서도「대화록」처럼 재미있게 엮어 놓았으므로 부담없이 읽을 수 있고, 또한「명상록」처럼 깊은 사색이 담겨 있습니다. 특히 2권과 3권, 마지막 4권까지 시종 흥미진진한 촌철살인의 비범함이 번뜩입니다. 4권인 수행일기는 진리에 대한 사유와 삶에 깊은 고뇌를 엿볼 수 있어 비슷한 길을 추구하는 많은 종교인들의 마음수행에 상당한 도움이 되리라 생각합니다.

또 논점이 분명하므로 독자들로 하여금 종교의 핵심쟁점들에 대한 적절한 문제의식을 던져줍니다. 이 책은 최근의 화제작으로 서양에서 백만부 이상 팔려나간 리처드 도킨스의 『만들어진 神』이나 이에 대한 인터넷상의 공개 비평서한을 책으로 낸 데이비드 A. 로버트슨의 『스스로 있는 신』과 함께 종교의 변증서로써 손색이 없을 정도로 명쾌하고 박진감 넘치는 문제제기와 반박, 나아가 깊은 사색과 성찰이 담겨있는 역작임에 틀림없습니다.

이런 점에서 이 책은 한국판 『승려와 철학자』나 『만들어진 신』이라는 생각마저 들게 합니다. 부연하자면 이 책은 기독교도와 불교도들이 우선 읽어야 한다고 봅니다. 상호 유익하기 때문이지요. 사실 기독교나 불교 등 기존의 종교들보다 더 중요한 사실은 '진리'입니다. 각 종교가 저마다 진리를 내세우지만, 때로는 자신들의 입장에서 말하는 자기들의 주장일 경우가 많습니다. 그런 제각각의 입장을 떠나서 보편타당한 진리만이 현금의 인류를 구할 수 있는 진정한 구원의 길이라고 봅니다.

7.

끝으로 '도서출판 도피안사'를 통해 문서포교를 펴고 있는 송암스님께서 각별한 뜻을 내어 유마님의 유고(遺稿)를 모아 시리즈(1~4권)로 묶어 낸 것은 광덕 큰스님의 위법망구(爲法忘軀)의 생애를 받드는 또 다른 일이라고 봅니다. 불자로서의 삶을 짧게 살다 간 유마님의 글을 송암스님이 『광덕스님 시봉일기』를 낼 때의 정성으로 직접 가다듬어 시리즈로 출간한 것은 오로지 스승의 대각구국구세(大覺救國救世)의 운동을 선양하기 위함일 것입니다. 강호제현들께 삼가 일독을 권청합니다.

2552년(무자) 부처님 오신 날을 맞으며

미산 합장

자변(自辯)

유마의 불교

유마의 불교는 글쎄….

일정한 스승도 없이 혼자 보고 듣고 공부한 유마의 불교는 과연 어느 정도일까? 청정함도 규칙적인 수행일과도 없이 유마는 무엇을 보고 무엇을 들었을까? 팔만대장경을 다 보지도 듣지도 못하고(불가능하기도 하지만), 팔만 사천의 크고 작은 사부대중을 다 만나본 적도 없으며, 시방삼세 모든 부처님의 법문 중에 단 한 가지도 제대로 챙겨 듣지 못한 박복한 업보가 보았으면 무얼 보았고 알았으면 무엇을 알았을까?

108배 · 3천배, 이 보살 · 저 보살 · 이 부처 · 저 부처, 달달 외워가며 안팎으로 사뭇 번거롭기만한 어지러운 법당 안에서 유마는 과연 무엇을 보고 알았을까?

어떤 사람은 부처님을 하나님보다 더 뛰어난 신중의 신[天中天]이라 여기고 그 앞에서 복을 구걸하며, 어떤 사람은 부처님을 마른 똥막대기로 알고 문수보살 뺨을 주걱으로 후려치며 놀려대고, 어떤 사람은 부처님을 다만 수행교주로 알고 수행만 하면 뭔가 나올 것이 있는 것처럼 가르친 사이비교주로 만들어 버리고…, 하여간 그런 것에 비하면 유마의 불교는 무식하다. 단 하나밖에 모른다. 오로지 '마음', 그 하나밖에 모른다.

유마는 마음 이외에는 뒤도 돌아보지 않는다.
하물며 몸을 디딜방아처럼 일으켰다 눕혔다 하는 '절' 따위랴!
유마는 마음 이외에는 애시당초 세상을 믿지 않는다.
하물며 그 속에서 벌어지는 생로병사(生老病死)이겠는가!
유마는 마음 이외에는 아무것도 알지 못한다.
하물며 듣도보도 못한 하나님이랴!
유마는 마음 이외에는 팔만사천의 경문을 둘둘 말아 코를 푸는 종이로 삼는다.
하물며 바릿대와 가사이겠는가!
유마는 마음을 몸에 담아 두지 않는다. 또한 몸 밖에 담아 두지도 않는다.
그렇다고 중간에 담아 두랴!
유마는 중생의 몸을 싫어하지 않는다. 그와 같이 중생의 마음도 싫어하지 않는다.
또한 그와 같이 생로병사를 싫어하지도 않는다.
하물며 닦아서 초월하려고 함에 있어서이랴!

들에 핀 꽃을 가만히 들여다보면, 그 옆에는 돌멩이가 있고 돌멩이 옆에는 세상이 있다. 꽃에 무엇을 달아 더할 것이며, 돌멩이에 무엇을 더하여 완벽하게 할 것이며, 더욱이나 세상에 무엇을 더하여 새삼 세상답게 할 것인가? 그렇다면 수행을 하여 무엇을 더 보탤 수 있단 말인가, 이 각각의 것에…?

깨달음이란, 그것 자체로 완벽하다는 것을 마음이라 한다. 꽃이 꽃 자체로 이미 완벽한 꽃이듯이….

아니 깨달음 자체가 마음이다. 꽃 자체가 꽃이듯이―. 그러므로 이 마음을 깨달아서 어쩌고저쩌고 할 것은 애당초 없다. 깨달아서 하늘을 날겠는가, 땅속을 걷겠는가? 그렇다면 기러기가 부처님이고 지렁이가 지장보살이겠다! 그래서 이 마음을 깨달아서 뭔가 하나 해보려고 하거나 얻으려고 수행을 주고받는다면, 이런 부류의 사람들은 저 하나님을 믿어 뭔가 하나 해보겠다는 사람과 다를 게 하나도 없어, 그 받는 과보가 조금도 다르지 않을 것이다. 예수쟁이와 부처쟁이는 똑같기 때문이다.

마음이란, 그냥 가만히 깨닫는 것이야! 깨달았다는 마음조차 눈치채지 못하게 가만히….

마음이 깨달으면 그것을 깨달음이라 하는데 비로소 '부처'란 것이다. 다만 작게 깨달으면 작은 부처님이고, 크게 깨달으면 큰 부처님이고, 잘못 깨달으면 사이비 부처님이고, 바르고 원만하게 깨달으면 평등한 부처님인데, 다 바로 이 마음이다.

이 마음을 몸에 착 붙여 다니는 사람들이 하는 짓이란, 가사에 가사를 덧입으며 왕왕 '108배니 3천배니' 하면서 세상을 온통 시끄럽게 한다. 또 이 마음을 입에 착 붙여 다니는 사람들이 하는 짓이란, 천수다라니·능엄다라니·참회진언·호신진언이니 하는 것들이다.

(무지하게 힘드네. 이런 말하기가…. 그대에게 하는 말이 아니여—? 아마도 다 유마가 유마 자기한테 하는 말일 것이여…. 듣는 사람은 이런 오랑우탄 같은 말도 하는 별난 사람이 다 있구나 하고 들으면 아무 탈이 없어)

유마는 항상 팔만대장경을 마음으로 읽는다. 그러나 무조건 아침저녁으로 그것을 숭배하는 짓은 하지 않는다.

뱃사공조차도 나룻배를 숭배하지 않는데, 하물며 유마는 어엿한 신사가 아닌가!

어린아이조차도 손가락을 달로 보지 않는데 하물며 유마는 어엿한 어른이 아닌가!

유마는 항상 팔만사천 보살을 마음으로 본다. 유마는 항상 시방삼세 모든 부처님을 마음으로 공양한다. 유마는 항상 눈과 색을 똑같은 마음이라 보고 빈틈없이 다만 마음을 내고 마음만 거두어들인다. 이와 같이 귀와 소리, 코와 냄새, 혀와 맛, 몸과 접촉, 뜻과 법을 어김없이 마음뿐이라고 고집한다.

그래서 저녁마다 동네 한 바퀴 돌면서 보고 듣는 것 다를 마음이라 본다. 당연히 몸도 마음이다. 마음을 떠난 몸은 없다. 세계를 떠나서 중생이 없듯이….

이 몸을 마음 그대로 보므로 몸과 마음을 둘로 나누지 않는다. 몸과 마음을 둘로 나누지 않으므로 항상 감동으로 『능가경』의 다음 게송을 읊조린다.

"불자여, 세상의 온갖 것이 오직 마음뿐,
딴 법이 없다고 본다면,
모든 것을 몸으로 짓지 않더라도
힘을 내어
마음대로 이루리라!"

그런즉, 유마여!
몸을 꼬드기지 마라.
죄가 크다.

유마 합장

차례

| 추천사 | 오로지 진리를 찾아서—미산현광(중앙승가대학교 교수) ··· 5
| 자변(自辯) | 유마의 불교 ··· 11

제1장 만 남

1 수행자 고타마와 수자타 ··· 21
2 마하가섭 장로 ··· 38
3 달마대사와 혜가 ··· 105

제2장 문 답(問答)

1 무아(無我)와 윤회(輪廻) ··· 113
2 병자에게 문안함 ··· 120
3 산상보훈(山上寶訓) ··· 129
4 경율론(經律論) ··· 136
5 색즉시공 공즉시색(色卽是空 空卽是色) ··· 140
6 이 몸이 즉 불신이고 이 마음이 즉 불심 ··· 145
7 불교가 염세적? ··· 150
8 나[我]란 우물과 세계란 우물 ··· 155
9 범아일여(梵我一如)와 제법무아(諸法無我) ··· 158
10 무(無)란 무엇인가? ··· 165
11 믿음이란 ··· 173

12 어떤 문답(問答) ··· 204
13 어떤 법문 ··· 211
14 깨달음 ··· 217
15 성향(性向) ··· 221
16 웃다가 울다가 ··· 233
17 타심통(他心通) ··· 237
18 어떤 참회 ··· 242

제3장 유마의 산책(散策)

1 어떤 영화(AI)를 보고 ··· 247
2 꾸준히 할 수 있는 것이라면 비록 망상이라도 좋다 ··· 258
3 해지는 뭄바이에서 ··· 263
4 스스로 염불하기 ··· 269
5 사자(死者)를 통해 보내는 메시지 ··· 274
6 업장소멸에 대하여 ··· 288
7 업장소멸의 비법 ··· 296
8 편 가르지 마라 ··· 300
9 말[語]의 성취 ··· 304
10 유위법(有爲法)과 무위법(無爲法) ··· 307
11 사대와 오온 ··· 313

| 간행후기 | '유마와 수자타의 대화' 시리즈를 간행하며 ··· 315

제 1 장
만남

「百千萬劫難遭遇」

1
수행자 고타마와 수자타

①

어떤 만남….
 머리에는 꽃을 수놓은 매미날개처럼 얇은 망사를 두르고 허리는 우윳빛 속살이 불그스레한 옷감을 대신 하는 것 외에, 나의 탄생이 인간세계의 업으로 태어났음을 분명히 하는 뜻을 나타내기 위하여 배꼽을 드러낸 채, 발목이 잘룩한 아라비안나이트 바지를 입은 처녀의 나이가 이제 갓 14~5세나 되었을까?
 5백 마리의 흰 소 무리들을 돌보는 여러 목동들을 거느리고 드넓은 니련선하 강가에 나와 이제 막 지나가는 겨울 강가에서는 보기 드문 범람을 구경하는 척 하였지만, 사실은 그게 아니었다. 그녀는 벌써 며칠째 이 강가에 나와 잎사귀 우거진 보리수나무 밑에 고목처럼 버티고 앉아 있는 삐쩍 마른, 등인지 배인지 모를 얇은 몸뚱이에 앙상한 마른 나뭇가지처럼

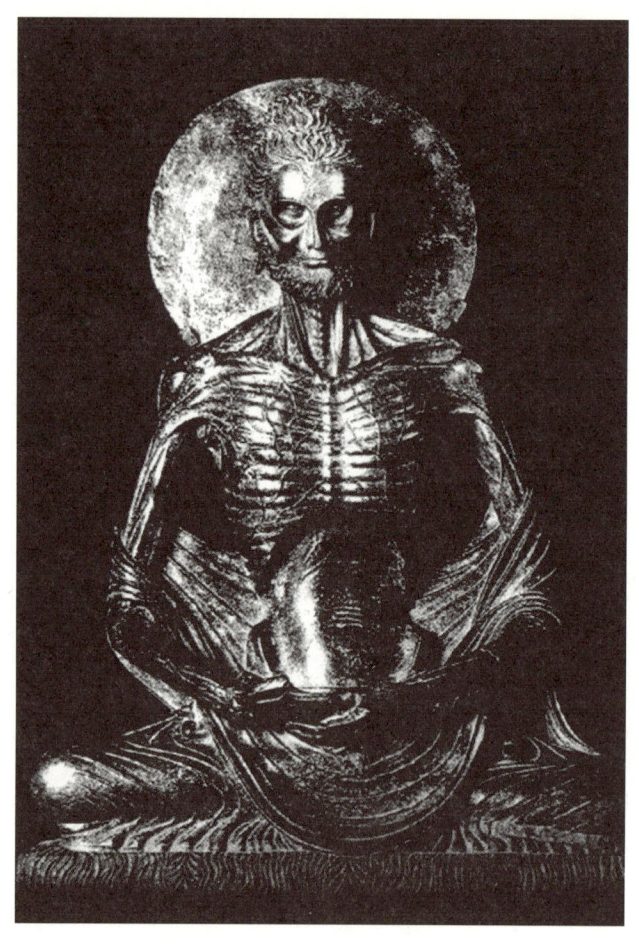

내게는 믿음이 있고 노력이 있고 지혜가 있다.
이처럼 정진하는 나에게 너는 어찌하여 삶의 집착을 말하는가.
나는 이토록 큰 고통을 받으면서도 이토록 편안히 살고 있다.
그러므로 내 마음은 어떤 욕망도 돌아보지 않는다. 보라, 이 마음과 몸의 깨끗함을!

· 석가모니 부처님 고행상/파키스탄 라호르박물관.

버티고 있는, 갈비뼈들은 숫자를 헤아릴 수 있을 정도로 눈에 띄게, 그렇게 벌써 며칠째 버티고 있는 움직이지 않는 저 사람이 궁금해서였다.

바람 한줌으로도 충분히 쓰러뜨리고도 남을 백골과 같은 가벼움이 가득찬 저 몰골 위엔 다만 번개처럼 번뜩이는 눈빛만 아니었다면 벌써 마을 사람들에게 알려 화장을 하게 했을 법한 저 사람―, 까치가 날아와 둥지를 틀고 바람에 나부끼던 꽃잎들마저 새로운 씨앗을 틔우는 머리의 상투는 고궁에 꽂혀 펄럭이는 깃발과 같았다.

2

처녀는 집에 돌아가면 그 나무 밑에 앉아 있는 사람 때문에 날마다 초저녁잠을 설치고도 새벽이면 일어나 침상가를 거닐며 혼자 골머리를 썩고 있었다. 어쩌면 어젯밤 그 사람은 쓰러져 죽었을지도 모른다는 생각을 하며, 이제 막 자라기 시작한 꽃봉오리 같은 가슴을 쓸어내리기도 하고, 어쩌면 밤새 울던 승냥이들이 아무 힘이 없을 그 사람의 등뒤로 다가가 툭- 하고 앞발로 건드려 보고 있을지도 모른다는 생각에, 어느새 향냄새가 밴 잠옷을 벗어 던지고 외출복으로 갈아입어 보기도 했다.

그러다가 괜히 알지도 못하는 낯선 남정네한테 별 관심을 다 둔다는 생각이 들어서 다시 잠옷을 챙겨 입고 부족한 수면시간을 연장해 보려고 침상에 누워보지만, 종내 머릿속에서 떠나지 않는 나무 밑 그 사람의 형상이 때론 무섭기도 했다.

3

　　오늘 그녀는 마침내 결심을 하였다.
　　그것은 오직 거역할 수 없는 자기 본성의 온화함과 아직 남자를 모르는 순결함으로 머리를 빗어 올리고 난 후의 결심이었다. 아직 새벽이 다 가기 전, 그녀는 새벽하늘 별이 유난히 반짝이는 어스름한 마당을 가로질러 집안 사람들이 모르게 얼른 외양간으로 달려갔다.
　　이미 너무나 익숙하여 가느다란 별빛만으로도 분별하는 지혜자의 밝은 눈으로 검거나 노랗거나 빨간 티가 있는 소는 빼고, 티라고는 한 점도 없는 5백 마리의 흰 소 중에서 다시 어린 송아지를 둔 어미 소는 속마음이 자기 새끼에게 가 있다는 이유로 빼고, 건강하고 즐거움만 있는 한가로운 소에게 하나하나 인사를 하며 마을축제 때마다 부르는 천상의 아름다운 인연을 노래로 불러주며 그 가느다랗고 긴 손으로 우유를 짰다.
　　지난 해 아버지가 여행길에 천신들께 제사 지낼 때 쓴다며 구해 온 우르빌라 지방의 오래되고 더없이 깨끗한 대나무 통에 싱그러운 우유를 받아 넣었다. 역시 겨 하나 섞이지 않은 하얀 쌀을 골라 이슬을 받아 놓은 물로 씻은 다음, 꿀로 버무린 뒤 우유를 부어 섬섬옥수로 동그랗고 움푹 패인 조막 같은 주걱을 휘저을 때마다 가릉빈가의 아름다운 목소리에서는 절로 찬미의 노래가 흘러나왔다.
　　유미(乳米)죽을 끓여 자기 집에서 가장 깨끗하여 오직 하늘의 신들에게 제사 지낼 때만 쓰기로 준비해 놓은 참나무 그릇에 가득 담고는, 남들

그는 강물 속으로 걸어 들어갔다.
강물이 제법 세차게 흐르고 있었지만 바닥의 모래는 부드러웠다.
그는 발바닥에 힘을 모아 곧바로 선 채 생각했다.
'생명없는 바리떼와 달리 인간은 의지를 가지고 강물을 건너간다.
떠내려가지 않고 흐름을 거슬러 올라갈 수 있다.'
그는 마음속으로 물살을 거슬러 올라가는 바리떼를 그려보며 스스로에게 말했다.
'저것이 바로 내가 갈 길이다.' <아함경>

· 청년 고라마 싯다르타가 6년 고행한 니련선하 강이 유유히 흐르고 있다.

에겐 마치 보기 드문 겨울 강물의 범람을 구경 나온 것처럼, 한가로이 거
닐 듯 어제의 장소, 니련선하 강가에 나왔다.

4

아, 다행히 어젯밤에 죽지는 않았구나!
승냥이들도 앞발로 떠밀지는 않았구나!

그녀는 자기 어머니가 이 다음에 시집갈 때 쓰라고 만들어준 카시미
르산 실크 보따리에 유미죽과 이슬 물과 망고과일을 한 줌 가득 안고 보드
라운 발걸음으로 천천히 그 나무 아래로 다가갔다. 아, 멀리서 볼 때에는
그저 뼈쩍 마른 갈비뼈만 나무에 매달아 놓은 것처럼 보이더니 가까이 갈
수록 잘 엮어 놓은 싸리문같이 촘촘하게 정돈되어 있었다. 비록 머리는 산
발하여 흐트러진 머리칼이 여기저기 삐쳐 나왔어도 바로 한치 앞만 집중
하는 눈빛은 예사롭지 않았다. 마치 자기장으로 인한 오로라의 한가운데
휩쓸려 있는 느낌이 들게 했다. 그 눈빛은 서늘하기도 했으며, 전율이기도
했으며, 그리고 향긋한 기쁨이기도 했다.

아직 나이 어린 처녀로서 세상의 온갖 감정과 경험에 기울어져 있었
던 것은 아니다. 그러나 아무리 더 원숙한 감정과 경험을 기다린다 할지라
도 다시 느낄 수 없을 것 같은 느낌에 휩싸여 있자니 자기도 모르게 멈칫
하게 된 것이 그만 그 뼈쩍 마른 사람의 눈길을 끌게 되고 말 줄이야…

아주 힘겨운 듯이 천천히 고개를 들어 자기를 쳐다보는 그 사람의 눈길이 어쩌면 바로 오늘 새벽에 보았던 그 별빛과 같을까 하는 생각도 잠깐, 곧 그녀는 그의 쇠잔한 음성을 듣게 되었다.

"어서 오시오 벗이여! 거기에 앉아라. 권청할 자리도 없고, 평안한가 인사할 만한 기력도 없다. 하지만 만나서 반갑다오!"

처녀는 그의 음성에 자칫 가지고 온 음식보따리를 놓칠 뻔하였다.(아, 저이가 나를 방금 벗이라고 하지 않았나!)

아버지께 들었다.

시집 갈 나이가 됐다며, 금년 정월 초하룻날, 하나밖에 없는 딸을 불러다 앉혀 놓고는 아버지는 그 마을에선 마지막 남은 지혜의 음성을 그녀에게 들려주었다.

"애야, '벗'이라고 불러주는 이가 있다면 너는 그 사람을 의지해도 좋다. '벗'이라고 불러주는 이가 있다면 너는 그 사람에게 다가가도 좋다. '벗'이라고 불러주는 이를 만나면 너는 그 사람에게 너를 맡길 만하다. 그러나 애야, 너를 '연인'이라고 부르는 사람이 있다면 너는 그 사람을 의지하지 말아라. 너를 '내 사랑'이라고 부르는 이가 있다면 비린내 나는 기름종이에 둘둘 말아진 썩은 생선을 대하듯 멀리하라. 너를 끝끝내 '나의 반려자'라고 부르는 이를 만나면 너는 그 사람에게서 될 수 있으면 신속하게 멀리 떠나라."

이러한 아버지의 말씀을 떠올리며 그녀는 내심 어쩌면 이와 같은 지혜자의 말씀을 닮은 말을 나에게 하였을까? '벗이여!'라고—
　그의 음성은 아주 오래 전부터 들었던, 마치 면면히 이어지는 아주 먼 곳에서 들리는 비파소리, 혹은 파도소리 같기도 하였지만, 그녀에게는 벗이라는 호칭에 아직 아무 사내도 모르는 처녀의 몸에 낯선 창칼과 같은 긴장감과 경계심으로 겹겹이 둘려진 무장을 한꺼번에 내려놓고 말았다.(저이가 방금 나를 '벗이여'라고 부르지 않았는가 말이다. '벗이여'라고…!)

5

　전율에 떠는 아주 짧은 시간은 그것 없이 보내는 아침과 저녁이 아무리 오래 반복되어도 비교조차 할 수 없는 아주 긴긴 시간이다. 그렇게 긴 시간을 짧게 보낸 처녀는 색깔이 돋보이는 매우 고귀해 보이는 카시미르산 보따리를 내려놓으며 방망이 치는 가슴을 감추며 대답했다.
　"숲속은 지내기가 거칠고 위험하답니다. 벌써 며칠째 아무것도 드시지 못하셨을 텐데, 우선 제가 가지고 온 이 음식으로 허기부터 면하시지요. 그렇게 해 가지고는 앞으로 며칠을 더 버티시기가 어려울 것 같습니다. 비파줄을 없애고 난 후 어떻게 비파소리를 얻겠습니까? 부디 이 음식으로 힘을 얻으시고도 하던 일을 계속하실 수 있었으면 좋겠습니다."
　생각 같아서는 '임'이라고 호칭하여 부르고 싶었지만, 그렇게 부르면 금방 얼굴이 빨개질 것 같아서 도저히 부르지 못하고, 아무 호칭 없이 말을 마친 그녀였다. 처녀는 보따리를 풀어 아직 은근히 온기가 남아있는

"이 음식으로 허기부터 면하시지요.
그렇게 해서는 앞으로 며칠을 더 버티시기 어려울 것 같습니다.
비파줄을 없애고 난 후 어떻게 비파소리를 얻겠습니까?
부디 이 음식으로 힘을 얻으시고도 하던 일을 계속하실 수 있었으면 좋겠습니다…."

· 니련선하 강가에서 고행하는 고타마 싯다르타에게 유미죽을 바치는 수자타.

하얀 우유죽이 들어 있는 참나무 그릇과 어젯밤에 댓돌 밑에 갈잎으로 받아 둔 이슬 물을 담은 대나무 전병을 꺼내어, 그 가느다랗고 긴 우윳빛 나는 손목을 그 사람 앞에 내밀었다. 향긋한 우유냄새는 처녀의 손목을 타고 그 사람의 코끝에까지 흘러 들어가 건기 때의 강처럼 말라버린 열정을 돋우는 힘이 냄새에서도 충분히 깃들어 있었다.

'그렇다, 나는 이제 힘이 얼마 남지 않았다. 무려 6년 동안 나는 세상 사람으로서는 하기 힘든 고행을 했지만, 내가 바라는 그것은 얻지 못했다. 누가 더 이상 이런 고행을 할 수가 있으랴! 하지만 그럼에도 얻지 못한 것을 다른 사람에게 권유할 수는 없다. 아마 그들은 이런 고행을 6년은커녕 단 일주일이나 하루도 버티지 못할 것이다. 이러한 것은 일반 사람들이 보통으로 드나들 수 있는 쉬운 문이 아니다. 아주 특출한 체력과 인내를 가진 초인들도 할 수 없는 일이라면, 또는 겨우 할 수 있는 일이라면, 이 법은 쓸 만한 법이 아니다. 그렇다면 내 이제 마땅히 이 고행으로는 얻어질 것이 없다고 판단하여도 잘못은 없으리라. 이 처녀가 주는 음식을 받아 먹으리라.'

이렇게 마음을 굳힌 그 사람은 처녀가 내미는 죽그릇을 받을 힘만 겨우 남아 있는 것처럼 간신히 손을 내밀었으나 이미 쇠잔한 기력은 힘이 손끝까지 가 닿지 못하여 바르르 떨고 있었다. 처녀는 손을 거두지 않았다. 그 사람이 그릇을 받칠 힘도 없어 보였거니와 그렇지 않더라도 그냥 받쳐주고 싶었던 것이다.

아주 오래 굶은 사람임이 틀림없지만, 그는 천천히 정직하고 속임없는 태도로 한 숟갈 한 숟갈 우유죽을 떠먹고 있었다. 청동빛의 고운 숟가락이 그의 입술사이를 천천히 들어갔다가 나올 때마다 정오의 한가운데 햇살은 숟가락 위에서 번쩍이며 황금빛으로 물들여 주었다. 때때로 그녀가 그의 입가에 묻어나는 음식자국을 마치 경험 많은 어미의 손길처럼 쓸어주면서….

　이미 말라 붙어버린 지 오랜 강줄기처럼 좁아진 그의 식도를 통하여 향기 나는 우유죽이 쪼르르 빨려 들어가는 순간, 마치 6년 동안 말라 있던 대지가 단비를 흡수하듯 그 6년만의 처음소리가 그의 목젖을 울리는 순간, 아직 그 첫 소식이 미처 위장에 닿기도 전에 그는 이미 직감했다. 이 소식은 곧 전 우주에 퍼질 고귀한 소식이 될 것이라는 것을…. 하늘들과 사람들이 모두 누구나 드나드는 거대한 문이 열리는 순간이었다.

　"벗이여, 나는 그대의 이름을 아직 묻지 않았구려. 그대의 이름은 무엇이오?"

　한 그릇의 죽을 비운 뒤, 그가 벌써 물어야 했는데 묻지 못한 미안함으로써가 아니라, 이제 물어도 좋다는 그녀의 준비가 된 뒤에 물었다. 그녀는 마치 누가 와서 마구 자기 가슴을 쿵쿵 찧는 것과 같은 이 질문을 자기가 얼마나 기다려 왔던가를 미처 알지 못한 채, 흠뻑 빠져 버린 시간에서 깨어나 흠칫 놀라며, 가늘고도 긴 손으로 자신의 둥근 이마를 쓸어 올리며 없는 땀을 훔치면서 대답했다.

　"네? 저…. 저요?"

　"벗이여, 여기 그대말고 또 누가 있단 말이오? 그렇소 벗의 이름을 나는 물었소."

'내 이름? 내 이름은… 그렇지, 이 분은 나의 이름을 물으셨구나. 아이구 정신도 없어라.'

"네, 제 이름은 수자타라고 합니다. 저 아래 동네 촌장집 외동딸 수자타라고 합니다."

그녀는 겨우 대답할 수 있었던 질문을 해준 그 사람이 고마웠다. 다른 질문이었다면 그녀가 미리 준비를 단단히 하였다 하더라도 아무 말도 생각나지 않았을지도 모른다.

"오, 수자타!"

짧게 반복하여 부르고 난 후 그는 수자타에게 물었다.

"수자타여, 그대는 (나에게) 무엇을 바라는가? 건강하고 아름다워 그대의 소문이 널리 이웃 마을까지 퍼지기를 바라는가? 그리하여 7대째 기품 있는 가문의 좋은 배우자를 만나기를 바라는가? 그와 평생을 반려하며 오래 살기를 바라는가?"

그는 수자타에게 무엇인가 이루어주고 싶은 일이 있을 것 같았다. 묻기는 온통 세속의 즐거움을 물었지만, 속으로는 그녀가 좀더 근원적인 열망에 가득 차 있기를 바랐다. 그것은 어쩌면 자기가 이제 막 얻을 그 어떤 소식에 관한 것일지도 모른다. 어쩌면 이 처녀가 그 소식을 듣기를 바라는지 모른다고 생각하는 동안, 아니나 다를까, 그녀에게서 대답이 들려왔다.

"고귀한 분이시여, 저는 저의 아름다움에 만족하고 있습니다. 그러므로 아름다움이 다시 널리 퍼지기를 바랄 필요가 없을 것 같습니다. 따라서 7대나 그 이상의 고상한 가문의 힘으로도 나를 반려자로 삼지는 못할 것이며, 바라지도 않습니다. 다만 저는 당신께서 저와 같이 건강하시기 바랍니다. 그리고 저는 당신이 생각하는 것을 생각하기 바랍니다. 당신은 꼭 제가 봐야 할 것을 보기를 바랍니다. 그리고 저는 당신이 보는 것을 볼 수 있기를 바랍니다. 당신은 제가 꼭 느껴야 할 것을 느끼시기 바랍니다. 그리고 저는 당신이 느끼는 것을 느낄 수 있기를 바랍니다. 당신은 꼭 제가 가져야 할 것을 가지기 바랍니다. 그리고 저는 당신이 가지는 것을 가질 수 있기를 바랍니다. 당신이 어디 있든지 무엇을 하든지, 이것이 저의 진정한 바람입니다."

"수자타여, 그대의 바람은 마치 한 줄기 미풍과도 같이 조용하고 어질구나. 젊음의 열풍에 떨지 않는 커다란 나무의 뿌리와 같구나. 그대로 이루어질 것이다. 나는 그대와 같이 건강해질 것이며, 그대는 나의 생각하는 바를 생각하게 될 것이다. 나는 그대가 봐야 할 것만을 볼 것이고, 그대는 내가 보는 것을 보게 될 것이다. 나는 그대가 느껴야 할 것만을 느낄 것이며, 그대는 내가 느끼는 것을 느끼게 될 것이다. 그리고 나는 그대가 가져야 할 것만을 가질 것이며, 그대는 내가 가진 것을 가지게 될 것이다. 내가 어디 있든지 무엇을 하든지…."

6

그리고 그는 그녀의 대답이 미처 준비되기도 전에 삐그덕 소리가 나

그는 수자타의 참나무 밥그릇을 아무에게도 줄 수 없는 보배처럼 껴안고 천천히 걸어,
니련선하 강물이 때 아니게 범람한 곳으로 다가갔다.
"나의 뜻이 이루어질 것이거든 이 그릇은 강물을 거슬러 올라갈 것이다!"
참나무로 된 무거운 밥그릇은 곧바로 아무 망설임도 없이 빙글빙글 돌며 강물을 거슬러 올라갔다.

· 청년 고타마 싯다르타가 6년 고행한 니련선하 고행림.

는 무릎을 펴고 천천히 일어나려고 했다. 수자타가 엉겁결에, 마치 넘어질 것 같은 어린 아기를 붙잡는 것처럼, 보드라운 손길로 그의 몸을 부축했다. 그러나 아주 조심하지 않으면 안 되었다.

'행여 사립문 같은 갈비뼈가 다치기라도 하면 어쩌나' 하고 얼마나 조심해야 했는지 모른다. 수자타의 손길은 그 순간 성모의 손길이 되었고, 부축을 받은 그분에겐 성모의 손길로 느껴졌을 것이다. 그는 수자타의 참나무 밥그릇을 아무에게도 줄 수 없는 보배처럼 껴안고 천천히 걸어, 매년 이맘때쯤이면 어김없이 메말라 강바닥을 드러내 놓는 니련선하 강물이 때아니게 범람한 곳으로 다가갔다. 수자타의 손을 놓고 대신 강가의 기울어진 나뭇가지를 잡은 채 천천히 몸을 닦았다. 마지막으로 얼굴을 닦은 다음, 그는 몸을 닦느라 곁에 놓아두었던 수자타의 밥그릇을 들고는 좀더 물살이 센 강 중심 쪽으로 걸음을 옮겼다.

그것을 바라보는 수자타의 걱정은 이만 저만이 아니었다. 때 아닌 때 마치 악마의 마술처럼 범람되어 일렁이는 강물은 세차기가 여간 아니어서, 행여 그의 쇠약해질 대로 쇠약해진 몸이 떠내려가기라도 한다면 어쩌나 하는 걱정이 일었다. 그녀의 걱정에도 아랑곳없이 그는 허리까지 차오는 깊이에 서서 나지막이 그러나 또렷하게 말하였다.

"나의 뜻이 이루어질 것이거든 이 그릇은 강물을 거슬러 올라갈 것이다!"

그리고는 한 점 망설임도 없이 조용한 동작으로 수자타의 밥그릇을 강물 위로 천천히 내려놓았다. 참나무로 된 무거운 밥그릇은 곧바로 아무

망설임도 없이 빙글빙글 돌며 강물을 거슬러 올라갔다. 그것은 조금 거슬러 올라가다가 도로 내려오는 마술과 같은 속임수가 아니었다. 거슬러 오르는 척하다가 다시 돌아 내려오는 거짓이 아니었다. 원천(源泉)에서 밀어 내리는 니련선하 강물의 모든 힘으로도 참나무 밥그릇 하나를 막을 수 없었던 이 거대한 힘은 그 사람 내면의 힘, 곧 진실이었다.

7

　수자타는 눈물이 흘렀다.
　벌써 그 사람이 자기의 밥그릇을 들고 "나의 뜻이 이루어질 것이거든 이 그릇은 강물을 거슬러 올라갈 것이다!"라는 말이 다 끝나기도 전에, 수자타는 그의 뜻을 온 몸의 세포가 거꾸로 세워지는 면밀한 엑스타시로 전환시키며 울고 있었다. 그 사람이 자기의 손대신 붙들고 있었던 나뭇가지 옆 강가에 서 있느라 넘치는 작은 물방울들이 찰랑이며 자기의 발을 적시는 것도 모른 채, 수자타는 눈물이 주르르 흘러 내렸다. 알 수 없는 눈물은 놀라움 때문이 아니라 깊은 신뢰, 그것 때문이었다.
　'그이의 말을 믿었을 때에 당신은 눈물이 나지 않던가? 그이의 아무 것도 짓지 않는 흠 없는 모습을 보았을 때에 당신은 울컥 눈물이 쏟아지지 않던가? 오, 나의 벗이여! 나의 오랜 벗이여. 나의 단 하나밖에 되지 않으며 더 이상 벗이라고 부를 수 없는 운명의 힘으로 나도 당신을 벗이라 부릅니다. 당신의 뜻은 이루어질 것입니다.'

그러나 또 한편, 수자타는 그 단 하나에 대한 신뢰에 미래의 모든 정열까지 쏟아버릴 때에 한꺼번에 텅 비어 버리는 안타까움으로 속삭였다.

'여보세요, 저는 말이예요. 당신이 그러리라 미리 예견했답니다. 하지만 왠지 눈물이 나네요. 비록 당신은 내게 당신의 생각과 바라봄과 느낌과 소유를 같이 하리라 약속하여 주었지만, 몸은 함께 할 수 없는 이 슬픔은 몸 있는 아낙만의 슬픔이지요. 당신을 한량없이 믿고 존경하지만 말입니다.'

수자타는 카시미르산 보자기로 흐르는 눈물을 닦으며, 떨어지지 않지만 억지로 소를 몰아 집으로 돌아가던 경험으로 발길을 옮겼다. 더 이상 강변에서 그를 바라볼 수 없었다. 자기가 더 할 일도 없었지마는, 또한 엉겁결에 더 머물다가 떠날 시기를 놓치고 말면 그가 올라오면 남은 것은 이별의 인사뿐이 아니던가! 그것이 그녀에게는 싫었다. 이별은 인정하고 싶지 않았다. 다시 만나지 못한다는 것을 의미하는 이별의 인사는 차라리 죽기보다 싫었다. 이별의 인사 대신 그녀는 나지막이 속삭이며 걸음을 옮겼다.

'당신의 뜻이 이루어지기를 바랍니다. 또한 나의 뜻도 이루어지기를 바랍니다. 당신의 뜻이 이루어지는 곳에 나의 뜻도 같이 이루어져 있으니까요. 괜찮겠죠?'

정오의 햇살이 강물 위를 번쩍이며 출렁거렸다. 멀리 흰 소가 움메 — 하고 울어 주었다.

2
마하가섭 장로

①

　간밤에 꿈을 꾸었다. 꿈 따위는 꾸지 않은 지 이미 오래인데, 어쩐 일인지 꿈을 꾸었던 것이다. 하늘의 태양이 갑자기 시커멓게 변하고 달마저 빛이 없는 시커먼 배구공으로 변하고 말았다. 태양과 달이 그 빛을 잃어버린 틈새로 그동안 별 볼일 없었던 잔별들이 제 세상을 만난 듯, 촛불처럼 더욱 기세를 높여 타오르듯 빛나고 있었다.
　그는 좀처럼 없었던 꿈 덕분에 여느 때보다 조금 일찍 일어나 세 발자국이면 사방이 닿는 조그만 천연동굴을 천천히 걸어나와 숲속을 거닐었다. 항상 거니는 그 숲은 이미 나무들마다 이름을 지어 부르며 아침저녁으로 서로 문안을 주고받았다. 오늘따라 주고받는 인사대신 불안한 예감이 섬뜩섬뜩 드는 것이 예전에 느껴보지 못했던 느낌이었다.
　이름이 '끝섬'이라는 이 나무, 경행의 맨 끝에 반환점처럼 서 있는 나무여서 그가 만들어 준 이름이 '끝섬'인 이 나무에 다다랐을 때, 갑자기 그의 발밑이 지진처럼 흔들리는 진동을 느꼈다. 그는 그 진동에 아득한 현기증을 느꼈다. 이 심상치 않은 진동은 진원지를 알 수 없는 먼 거리에서 용트림처럼 꿈틀대어 온 것임에 틀림없다고 생각이 드는 순간, 그는 발걸음을 빨리하여 동굴로 곧장 돌아왔다.

돌아오자마자 길상초를 엮어 만든 좌복에 앉아서 삼매에 들었다. 이 삼매는 맨 처음 그가 스승을 찾아 방황하고 있을 때, 어느 나무아래에서 만난 그분이 가르쳐준 바로 그 삼매였다. 그는 이 삼매의 힘으로 그분을 만난 지 여드레 만에 수다원을 지나고 사다함을 지나고 아나함을 지나서 아라한의 과위에 들어, 그분을 무척 기쁘게 해드렸었다.

'도대체 나에게 무슨 일이 일어나는 것인가? 왜 나에게 이런 예전에 없는 일이 생기는 것인가? 나는 이미 마음에 흔들림이 없으며, 마음에 투쟁이 없으며, 마음에 오고 가는 반연(攀緣)이 없어진 지 오래인데, 왜 이런 불길한 조짐들이 나타나는 것일까?' 하고 되뇌었다.

2

그는 천안(天眼)을 열어보기로 했다. 알고자 하는 일은 지혜의 눈〔慧眼〕으로 안다. 보고자 하는 일은 하늘의 눈〔天眼〕으로 본다. 그런 그는 천안통을 한 번도 남용한 적이 없다. 보고 싶으면 몸으로 가서 보는 것이 그의 일관된 고집이기도 했지만, 몸을 많이 움직이는 것 자체는 그의 독특한 생활방식이기도 했다. 그러한 그가 마음의 눈〔天眼〕을 오랜만에 열어 보는 것은 이 일이 그만큼 심상치 않다고 예감했기 때문이다.

천안을 열어봤을 때, 그는 그만 혼절할 만큼 놀라운 광경을 봤다. 겹겹의 사람들에 빽빽이 둘러싸여 있는 금빛 나는 관(棺)이 보였던 것이다. 온 하늘과 땅에 가득 빽빽하게 차 있는 장엄한 기운이 서려 있는 한가운데에 금빛 찬란한 관 하나가 숲속 한가운데에 놓여 있고, 그리운 도반 아니룻다와 아난다 등이 가지런히 앉아 슬픔에 잠겨 있는 모습을 보았다. 아, 바로 그분이었다! 몸은 비록 떨어져 있어도 마음으로는 잠시도 떨어져 본 적이 없는 그분이, 마침내 80의 세수(世壽)로 대반열반에 드신 것이었다.

이 무슨 청천벽력 같은 소식인가! 이 무슨 마른하늘에 날벼락 떨어지는 소식인가! 그제야 땅이 흔들린 것이 생각났다. 보잘것없는 별들이 태양과 달이 사그라진 후에 빛을 내는 꿈이 생각났다. 그랬구나, 역시 그랬었구나. 그분이 가시려고 그런 꿈이, 그런 변고가 나타난 것이었구나…. 그 꿈은 번뇌로 생겨난 것이 아니라, 징조로 생겨난 것이었구나…. 그는 천천히 천안으로 금관의 주변과 일의 진행과정을 지켜보고는 삼매의 힘으로 마음의 슬픔과 충격을 안으로 다스리고 있었다.

그리고는 다른 때보다 더 의식적으로 천천히 삼매에서 나와 무릎을 펴고 느릿느릿 걸어 동굴 밖으로 나오려고 할 때에, 다급한 발자국 소리와 함께 매일 아침마다 문안을 오던 상수제자인 새샤드리가 들이닥치며 무릎을 꿇는 것도 잊은 채 숨가쁘게 말했다.

아, 바로 그분이었다!
　　몸은 비록 떨어져 있어도 마음으로는 잠시도 떨어져 본 적이 없는 그분이,
　　　　마침내 80의 세수(世壽)로 대반열반에 드신 것이었다.
　　이 무슨 청천벽력 같은 소식인가!　이 무슨 마른하늘에 날벼락 떨어지는 소식인가!
　　그제야 땅이 흔들린 것이 생각났다.
　　　　보잘것없는 별들이 태양과 달이 사그라진 후에 빛을 내는 꿈이 생각났다.

· 인도 아잔타 석굴의 부처님 열반상.

"스승님이시여, 아까 어떤 장사꾼이 지나다가 저에게 전해준 소식에 의하면, 세존께서 이미 쿠시나가라에서 며칠 전에 열반에 드셨다 합니다. 이 일을 어쩌면 좋습니까? 여기서 거기까지는 사흘 내지는 나흘 거리인데, 우리가 아무리 빨리 간다 하더라도 이미 다비식을 마쳤을지도 모릅니다. 흐흐흑…."

그는 당황해서 온몸을 떨고 있는 제자 새샤드리의 어깨를 두드리며 침착한 어조로 자신의 슬픈 마음을 굳게 잠근 채 말했다.

"새샤드리여, 울지 마라! 이제 우리의 일은 슬픔이 아니라 그리움이다. 슬픔은 그리움에 비하면 매우 짧고 보잘것없는 것이다. 가서 남은 제자들을 다 불러모아라. 우리는 지금 곧 쿠시나가라를 향할 것이다. 우리가 당도하기 전에는 결코 세존의 다비식을 하지 않고 기다릴 것이다."

"스승님이시여, 스승님께서는 이 하늘이 무너질 것 같은 엄청난 소식에 어찌 놀라지도 않으십니까? 슬프지도 않으십니까?"

'아, 이 철없는 친구여. 나의 슬픔, 나의 비통함은 내가 먼저 그분에 앞서 열반에 들지 못한 후회에 내 온 몸의 뼈가 모조리 부수어지는 것처럼 깊고 참혹하다. 그러나 우리는 이미 강을 네 개나 건너온 노련한 늙은이들이다. 더 이상 건널 강도 없는 마당에 놀라움은 아무런 두려움도 주지 못한다' 고 마음으로 대꾸하며, 그는 말했다.

"새샤드리여, 너는 어서 가서 제자들을 불러 모아라. 시간이 없다. 서둘러라."

새벽의 먼동이 틀 무렵, 그와 함께 이 주변에서 수행하던 모든 제자와 도반들이 그의 동굴 앞으로 모였을 때, 그는 동굴 바로 앞, 사람 무릎만큼 솟아나 평소에 그가 햇볕을 쪼일 때 쓰던 바위 위에 올라 그들에게 침묵을 요구하며 말했다.

"여러 대덕과 장로들이여, 방금 우리는 우리의 큰 스승이신 세존의 열반소식을 들었소. 여러분 중에는 이 큰 비보를 당하여 슬픔을 견디지 못하는 사람, 슬픔을 참을 수 있는 사람, 이미 슬픔을 극복한 사람 등으로 나뉠 것이오. 그러나 알아야 하오. 세존의 열반은 대반열반이며, 우리는 그분의 직제자들이오. 나는 지금 신속히 대반열반지를 향하여 갈 것이니, 슬픔을 참을 수 있는 사람과 슬픔을 견딜 수 없는 사람은 여기에 남도록 하고, 오직 슬픔을 이긴 사람들만이 나와 함께 저 쿠시나가라로 향하여 갑시다.

슬픔을 견디지 못하는 사람은 물론이거니와, 슬픔을 참는 사람은 지금 여기서는 가능할지 모르나, 만약 세존의 대열반 모습을 뵈면 참았던 것이 폭포처럼 터져 쏟아질지 모르니, 여기 남아 있는 것이 좋겠소. 우리의 법에는 참는다는 것은 참지 못한다는 것과 아무 다름이 없습니다. 열반지에 가면 우리 출가수행승들만이 아니라, 일반 세속의 왕들과 대신들과 신도들, 그리고 모든 하늘의 천신들까지 그 수를 헤아리기 어려울 만큼 많이 모여 있는데, 세존의 가르침을 직접 받고 배운 우리들이 하나의 주검 앞에 슬픔을 이기지 못하는 마음의 흠〔有漏〕을 보인다면, 그들이 세존의 가르침에 의심을 하고, 다함이 있고 한계가 있는 가르침으로 오해할 소지가 있으므로, 마땅히 자기 마음의 슬픔을 이미 극복한 사람만이 이 여행에 동참하여야 할 것입니다. 부디 내 뜻을 이해하여 주기 바라오."

3

삼삼오오의 대중들은 그렇게 하여, 자기 마음이 이미 스스로 슬픔을 잘 극복한 사람들만 한쪽으로 모였다. 나머지는 자기의 슬픔이 세속인들과 천인들에게 향기롭지 못하게 비쳐질 것을 우려하여, 마음은 천만번 가고 싶었지만, 세존과 세존의 수행승단의 아름다움을 위해 발걸음을 접기로 했다. 그렇게 하여 모인 사람들이 약 5백인이었다. 그는 남아 있는 대중들에게 충분한 위로와 인내를 당부하는 말을 남긴 뒤, 이미 슬픔을 잘 극복한 사람들과 함께 무리지어 쿠시나가라로 향하였다. 두 줄을 지어 질서 정연하게 걸어가는 그들의 발걸음에 일어나는 먼지들로 새벽의 숲길은 조용히 흔들리고 있었다.

반나절을 걸은 후 대중은 두 팀으로 나누어 한 팀은 숲속에 들어가 쉬거나 좌선을 하고, 한 팀은 두 사람 씩 나뉘어 마을로 나가 음식을 탁발하여 와서 하루 정오 한 끼만 먹는 절제와 만족의 아름다운 공양의식을 가졌다. 다시 차 한잔 마실 만큼 걸었을 때에, 그 중 앞에 가던 사람이 문득 맨 앞에 가던 그를 불러 세우며 이렇게 물었다.

"대덕이시고 장로이신 마하가섭이시여, 잠시 제가 드릴 말씀이 있으니, 대중(大衆)을 멈추도록 하여 주십시오."

그는 천천히 등을 돌리며 그의 말대로 하기로 하고, 두 줄로 걷던 대중을 향하여 오른손을 높이 들어 멈추게 하고, 근처의 나무 숲 우거진 곳에 둥글게 앉도록 했다. 5백여 명의 대중들은 이미 그런 움직임에 아주 잘

"마하가섭이여, 이리 와서 앉는 것이 좋겠다."
그의 출가를 미리 안 부처님은 그가 오는 길을 알고 나무 아래에서 좌선하며 기다리셨다.
가섭은 부처님을 본 순간, 이분을 젖혀두고 달리 내가 귀의할 만한 스승은 없다고 깨달았다.
그는 스승을 만난 후 8일 후에 깨달음을 얻고 아라한이 되었으며
부처님의 의발을 물려받은 첫 번째 제자이다.

· 두타 제일 마하가섭 존자상.

훈련된 사람들이어서 아무 소란 없이 조용히, 마치 기러기가 한곳으로 움직이듯이, 무리 지어 둥글게 앉았다. 그는 할 말이 있다는 사람을 한가운데로 나오게 한 다음, 말했다.

"대덕이신 피웃다시여, 이제 말씀을 하세요. 당신은 아무 이유 없이 대중들을 멈추게 할 사람이 아닙니다. 당신은 희롱하는 말로 사람들을 불러 세우지도 않는 도반이십니다. 여기 대중들에게 당신이 하고 싶은 말씀을 하십시오."

피웃다시는 대중 가운데서 조용히 걸어 나와 대중들을 한 바퀴 빙 둘러보며 사슴이 동료 사슴들을 부르는 다정한 음성으로 말했다.

"대덕들이시여, 장로들이시여! 우리가 가는 곳까지는 우리의 걸음으로 사나흘은 족히 걸어야 하는 곳입니다. 세존께서는 이미 열반에 드신 지 며칠째, 벌써 다비식을 마칠 시간이 지났음에도 불구하고 우리를 기다려주고 있을 것을 기대하여 지금 부지런히 걸어가고 있습니다. 그러나 만일 앞으로 사나흘 더 걸리게 된다면 현지에 있는 우리 도반들과 제자들이야 더 기다리자고 할지라도 다른 세속인들이 불평을 하게 될 것입니다.

그러므로 여러 대덕들의 장로이신 마하가섭 존자와 여러분들께 감히 청하오니, 지금부터는 우리가 가진 신통력을 써서 속히 대반열반지에 이르기를 제안합니다. 이에 여러분의 발걸음을 세우게 하였습니다. 여러분의 고견을 듣고자 합니다."

그의 말이 끝나자 여기저기서 웅성거리는 소리가 마치 벌들의 날갯짓처럼 들렸다. 어떤 이들은 고개를 끄덕이며 동의를 표하기도 했고, 또 어떤 이들은 자기들 중에 으뜸인 마하가섭 대장로를 바라보며 그의 결정과 대답을 원했다. 그 중에 나이 많은 비구 하나가 앞으로 나와 가사를 고쳐 매고 말했다.

"존경하는 대덕 피웃다시여, 대덕께서는 방금 우리가 신통력을 써서 허공을 날아 세존의 대반열반지에 이를 것을 제안하셨으나, 우리들 중에는 비록 마음의 슬픔이나 기쁨 따위에는 동요하지 않지만, 신통력에는 관심이 없어 체득하지 못한 분들도 적지 않게 있습니다. 신통력이 있는 분들이야 허공을 날아 대반열반지에 간다 하지만, 이들 신통력이 없는 분들은 어떻게 간다는 말입니까? 이미 우리는 마음의 일을 기준으로 하여 선발되어 대반열반지를 향하는 마당에 다시 신통력을 기준으로 바꾼다는 것은 일관된 결정에 의한 것이 아닌 것 같아 매우 뜻밖입니다. 부디 이에 대한 고려가 있기를 바랍니다."

이 말이 있자, 여기저기서 다시 웅성웅성 자기들끼리 의견을 나누는 소리들로 숲은 별안간 시끄럽기 시작했다. 애당초 이 문제를 제기했던 피웃다시 비구가 자리에서 나와 가사를 단정히 고쳐 매고 다시 정중하게 말했다.

"그 점에 대해서 저도 이미 생각해봤습니다. 제가 천안으로 살펴보니, 우리 대중들의 절반은 이미 신족통을 가지고 있으므로, 만일 그들 신족통을 가진 분들이 신력을 가지지 않은 다른 대덕들의 손을 잡고 간다면, 아무 어려움 없이 세존의 대반열반지에 이를 수 있을 것입니다. 그 점은 안심하셔도 될 것 같습니다."

사실 그랬다. 여기 세존의 제자 중에 단 한 사람도 세존의 얼굴을 모르거나 가르침을 받지 못한 사람은 없다. 모두 세존의 지극한 은혜를 입었던 제자들이다. 세존께서 살아 계실 때의 고요한 발걸음과, 잔잔한 파도가 해변에 닿을 때 들리는 해조음처럼 그윽한 목소리와, 가늘고 긴 눈으로 친구를 바라보는 다정한 눈빛을 기억한다. 그들로서는 마땅히 이 발걸음을 신속하게 움직여야 한다고 생각하고 있다.

이들 중 절반은 이미 신족통을 얻은 이들이었다. 만일 그들이 신족통을 써서 가기로 했다면, 마치 힘센 사람이 팔을 구부리는 가벼움과 손이 어깨에 닿는 짧은 시간으로 벌써 쿠시나가라에 도착했을 것이다. 그렇지만 평소 자신들의 일상규율에 결정적인 역할을 해온 마하가섭 장로의 행보에 말 없이 따라 나선 것은 순전히 그의 원칙적인 수행방식과 바른 생활태도를 잘 이해하고 존경하는 까닭이었다. 마하가섭 자신이라고 한시인들 빨리 쿠시나가라에 도착하고 싶지 않겠는가마는, 신족통을 쓰지 않고 굳이 이렇게 걸어가는 방법을 택한 것은 그만한 까닭이 있으리라고 믿고 묵묵히 따르는 것뿐이었다.

그런데 마침, 마하가섭 대장로와 거의 동열의 장로가 이 문제를 제기하니 수긍이 가는 면도 없지 않았던 것이다. 비록 평소에 세존께서 비구들에게 늘 경계하사 말씀하신 바는, 신통력을 함부로 쓰지 못하게 하셨던 것이다. 그러나 이러한 화급한 상황에서까지 해당되는 말씀은 아닐 것이라는 생각이 들었다. 사람들이 한결같이 마하가섭 대장로의 얼굴을 쳐다보았다. 더 이상 쓸데없이 늦어지지 말자고 호소하는 듯한 눈빛들이었다.

이때 마하가섭은 마치 날쌘 제비가 연못 위를 한 바퀴 도는 것처럼 여러 동료 비구들의 마음을 비행하듯 일일이 둘러본 뒤, 자기 이외에는 더 이상 아무도 대답을 하지 않을 것이라는 것을 알고는 천천히 자리에서 일어나 황금색의 가사를 습관적으로 왼쪽 어깨에 둘러 걸치며 대중의 한가운데로 나아가 말했다.

"여러 대덕들이여, 방금 우리의 고귀한 도반이신 피윳다시께서 이 일이 시간을 다투는 어쩔 수 없는 일이므로, 우리가 신통력을 써서 세존의 대반열반지에 이르러, 그곳 사람들이 우리를 기다림으로 인해 마음이 불편해지지 않도록 배려하자는 뜻의 말씀을 하였습니다. 또한 신족통으로 가자는 뜻이 구차히 걷는 수고를 줄이려고 하는 것이 아님도 알고 있습니다. 일견 생각하면 백 번 마땅한 일이기도 합니다. 사실 나로서도 오늘 새벽에야 세존의 열반을 천안통으로 보고 알았습니다. 그래서 즉시 신족통을 써서 세존의 대반열반지로 향하는 게 좋겠다는 생각도 했습니다.

그러나 찬찬히 생각해 보니, 단지 그것만이 아닌 것 같습니다. 우리가 만일 신족통으로 하늘을 날아 거기에 이르면, 이미 열반하여 몸을 누이신 세존에 대한 예의가 아닐 것입니다. 우리는 언제나 세존 앞에서는 몸을 단정히 하고 발걸음을 죽였으며, 목소리에 기침까지도 담지 않으려고 조심하여 왔던 것을 생각하여 보십시오.

그런 우리들이 신족통으로 그분의 열반지를 향할 것 같으면, 이는 마치 저 태양과 달이 스러진 후에 조그마한 별들이 구차하게 빛을 자랑하려고 하늘에 남아 있는 것이나 다름이 없을 것입니다. 그러므로 차마 나는 신족통을 쓰지 못하고, 이 바쁜 중에도 우리의 발걸음을 이용하여 사나흘의 길을 가고자 한 것입니다. 이것은 비단 우리들만의 일이 아닙니다.

세존의 대반열반지에 참석하고 있는 무리들 중에는 하늘의 천신들까지 사람들 눈에는 몸을 감춘 채 가득 차 있는데, 그리고 내가 오늘 아침에 천안으로 살펴보니, 그들이 천신들로서 허공을 타고 내려왔어도, 차마 세존께서 반열반하여 누우신 위로는 조금도 가까이 오지 않고, 대반열반지에서 반나절 거리 위에서 땅으로 내려와 흙을 밟고 걸어서 세존이 누우신 대반열반지로 들어섰습니다. 하물며 우리가 저 천신들의 예경에도 못 미쳐서야 되겠습니까?

그들은 우리를 기다려줄 것입니다. 나는 부끄럽게도 일찍이 세존으로부터 두 곳에서 모두 그분의 '마음법'을 전해 받았습니다. 그분은 부족한 나에게 당신 마음의 자리를 반분하여 나눠 앉게 하셨으며, 미묘법장(微妙法藏)인 '마음꽃'을 들어 보여 나로 하여금 계합하게 하시어 정법안장(正法眼藏)을 갈무리하게 하셨습니다.

설령, 사람들이야 바쁘고 초조한 나머지 다비식을 서둘러 강행할지라도, 그곳에 이미 당도하여 나름대로 그 의식을 수호관장하고 있는 천신들이 막아줄 것이며, 설령 천신들이야 다급하여 다비식을 강행하고자 할지라도, 여래이신 세존께서는 허락하지 않으실 것입니다. 우리들은 다비식에 늦지 않게 도착할 수 있을 것입니다. 그냥 이대로 걸어가시도록 합시다.

그것이 우리의 법에 맞는 것이기도 하며, 세존의 가르침에 마지막까지 충실한 것이기도 하며, 무엇보다도 보잘것없는 우리들을 거두어주셨던 세존의 은혜에 끝없는 존경을 표시하는 일이기도 합니다. 이 일로 더 이상의 의견분분이 없었으면 합니다만 대덕들은 어떻게 생각하십니까?"

④

그의 말이 끝나자 대중들은 한결같이 합장을 하여 말없이 동의의 표시를 하였다. 이에 처음 이 문제를 제기했던 도반 피윳다시 비구가 앞으로 나와 정중히 마하가섭에게 사과하며 말했다.

"대덕이신 마하가섭 대장로이시여, 참으로 깊은 의견이 있을 것이라는 것을 짐작하지 아니한 것은 아니었지만, 실로 저의 짧은 생각으로는 도저히 미치지 못할 놀라운 관찰이십니다. 잠시나마 여러 대중들의 의견을 갈리게 했던 점과, 귀중한 시간을 지체하게 했던 점을 사과합니다. 저의 사과를 받아 주십시오"라고 하며 그는 마하가섭 장로의 무릎 아래로 한쪽 무릎을 꿇고 머리를 조아려 정중히 합장했다.

마하가섭은 그런 그의 어깨를 추켜세워 일으키면서 아무 말 없이 끌어안고는 다시 걷기를 재촉하였다.

첫날밤은 아드비야라는 숲속에서 지냈다. 몸에 지닌 것이라고는 걸망 하나와 그 걸망 속에 발우와 여벌의 옷가지 한 벌이 전부였지만, 나흘 길을 사흘 길로 가기 위하여 평소보다 종종걸음으로 걸었던 것이고 보면 피곤하기도 하였다. 낮에 마을을 지나오면서 두 팀으로 나누어 한 팀은 탁

"대덕이시여, 태양의 빛을 고스란히 이어받은 달빛이시여,
우리로 하여금 저 세존의 사자후를 기억하게 하시어,
그리움과 어둠과 슬픔을 잘 극복하게 하사이다.
여기 이 숲속의 빈자리[空]에 반쯤 내어 앉으셔서,
나머지 반을 세존께서 왕림하시어 앉게 하소서.
저희들은 어린 사슴처럼 귀를 기울여 듣기를 바라나이다."

· 보드가야의 사끄라 호수 연꽃.

발을 하고 다른 한 팀은 숲속에 머물며 좌선과 세존의 말씀들을 한데 모아 서로서로 나누어 암송했던 것이 휴식의 전부였다. 그런 그들이었지만 아무도 등을 땅에 대지 않았다. 오히려 그들은 평소에 잘 만날 수 없었던 도반을 갈대숲처럼 의지하면서, 마하가섭 대장로를 중심으로 둘러앉아 기억에 남는 세존의 모습과 말씀과 처음 만남과 선정과 계율·지혜에 관하여 의견을 나누었다. 그러면서 마하가섭 존자의 사자소리 같은 법음을 듣기를 청했다. 이는 낮의 발언자였던 피읏다시가 가사를 바로 하고 청법가를 읊조리면서 간절히 청법했다.

"이제 하늘의 태양이 사라지려 하고 달마저 기울려고 합니다. 아직 젖을 떼지도 않은 아이가 어미를 잃은 것 같고, 어린 사슴이 드넓은 초원에 댕그라니 버려짐과 같이 쓸쓸하고 두렵습니다. 슬픔보다는 어둠이, 어둠보다는 그리움이 더욱 우리들 가슴을 저미게 합니다. 대덕이시여, 태양의 빛을 고스란히 이어받은 달빛이시여, 우리로 하여금 저 세존의 사자후를 기억하게 하시어, 그리움과 어둠과 슬픔을 잘 극복하게 하사이다. 청하옵건대 대덕 마하가섭이시여, 여기 이 숲속의 빈자리(空)에 반쯤 내어 앉으셔서, 나머지 반을 세존께서 왕림하시어 앉게 하소서. 저희들은 어린 사슴처럼 귀를 기울여 듣기를 바라나이다."

피읏다시의 이러한 청법이 끝나자 대중들은 한결같이 익숙한 소리로 일제히 "듣기를 바라나이다"를 세 번 합송하였다. 이에 마하가섭 대장로는 반쯤 눈을 내리깐 채 저녁 내내 침묵으로 일관하며, 다른 비구들이 나누는 세존에 대한 추억의 말들을 들었다. 그러면서 한편으로는 자기와 세존과의 첫 만남을 기억하며 주고받았던 말들과 그 후 여드레 동안 세존 곁에 머물면서 하루도 빠짐없이 세존의 가르침을 받았던 그때의 일들을 회억하고 추상하고 있었다.

    그러면서 눈망울 깊숙이 머금은 슬픔의 눈물을 보배처럼 감추고 있던 마하가섭은, '피윳다시의 숲정기를 죄다 눌러 엎고도 남을 만한 간절하고도 간절한 청법을' 듣고는, 비로소 조용히 자리에서 일어나 밑둥이 잘린 나무그루터기 위, 피윳다시가 깔아 놓은 좌복에 새가 나뭇가지에 내려앉듯 사뿐히 앉았다. 그리고는 아주 느린 동작으로 대중들을 일일이 둘러본 뒤, 슬픈 마음 가득한 것을 조금도 숨기지 않은 채 천천히 입을 열었다.

    "여기 숲속에 가득한 고요함에 비견할 만한 마음을 가진 대덕들이시여, 피윳다시의 말씀처럼 우리는 이제 태양을 잃었습니다. 태양을 잃은 우리들에게 달인들 있겠습니까? 비록 우리들이 그간 세존의 은혜로운 보살핌으로 일정한 부분 마음에 두려움이 없는 경지를 얻었다 하나, 그것으로 공과(空果)의 자리에 서기엔 마치 저 드넓은 하늘에 별들만 가득한 것과 같습니다. 태양 없이 수많은 별들이 아무리 반짝거려도 허공이 빛을 잃기는 마찬가지입니다.

    저는 처음에 아내와 함께 구도의 길을 가기 위하여 집을 떠나 마침내 세존을 처음 만났을 때를 기억합니다. 여기 계신 여러분들도 각자 세존과의 처음 만남을 기억하실 것입니다. 때때로 나는 우리가 만일 세존을 만나지 못하였다면 지금쯤 어떻게 허송세월하고 있을 것인가를 상상하여 보면 몸서리가 쳐집니다. 분명 우리는 지금쯤 저 외도(外道)들과 한 패가 되어 있거나, 또 하나의 외종(外宗)이 되어 일가를 이루어 귀신굴 속에 들어앉아 콩깍지나 까고 남들에게도 그렇게 하도록 가르치고 있었을 것입니다.

또는 땅에서 심어 하늘에 맺기를 바라는 마음으로 하루종일 허공에 마음을 심는 일 따위나 하고 있었을 것입니다. 마음에 삼독(三毒 : 탐욕·성냄·어리석음)은커녕 단 하나의 사소한 음욕도 제거하지 못한 채, 도리어 스스로를 속여 지혜자의 지혜를 살생하며, 지혜자의 자리를 도둑질하며, 지혜자의 마음을 흐트러지게 하고 있었을지도 모릅니다. 아니 분명 그리하고 있었을 것입니다.

우리는 가계(家系)를 떠나고 연인을 떠나올 만큼 현명할 수 있었을지는 몰라도, 결코 지혜롭지는 못했을 것입니다. 그러나 지금 우리의 마음을 보십시오.

우리는 지금 얼마나 고요합니까? 아마 이 숲속의 모든 고요함을 다 모아 우리 앞에 내놓는다 하여도, 우리들 마음의 고요함에는 백억 분의 일에도 미치지 못할 것입니다.

우리는 지금 얼마나 자유롭습니까? 아마 이 숲속 새들의 크고 작은 모든 자유를 셈하여 하나도 남김없이 다 합쳐 우리 앞에 가져다 놓는다 하여도, 우리 중에 단 한 사람이 누리는 자유로움에 비하면, 어린아이가 만든 수채화처럼 지저분한 것일 뿐입니다.

이 모든 것은 다 세존의 은혜입니다. 이것은 그분께서 스스로 목숨을 내어놓아 모진 고통의 고행을 감내하시고도 얻지 못한 마음의 안타까움을 문득 바쳐진 따뜻한 우유죽 한 그릇과 새벽에만 빛나는 샛별을 보시고 비로소 '무엇을 얻을 것이고 무엇을 버릴 것인가, 무엇을 가꾸고 무엇을 방임할 것인가, 무엇을 고치고 무엇을 돋아나게 할 것인가, 무엇을 하고 무엇을 하지 말아야 할 것인가' 등등에 대한 확고한 신념을 이 세상과 하늘 세상에 고루 내놓으신 결과입니다. 그분이 펼쳐 놓은 법은 생각과 말과 몸이 한결같은 것이며, 구부러지지 않은 길이며, 무엇보다 이 세상에 징검다리 사이의 강물처럼 흔하게 흐르고 있는 자연법적인 이치에 기울인 수고로움을 피하게 하는 완벽한 법인 것입니다.

조금 거슬러 오르다가 종내는 도로 떠내려 오고 마는 위선적인 법이 아니며, 그마저 손에 쥐고 내놓지 않은 협잡한 무리의 깨달음이 아니라, 손안에 아무것도 감추지 않고 내어놓으신 어버이 같은 자애로움에 우리가 천만다행으로 가피를 입은 것입니다. 이러한 은혜는 우리가 천만 억의 목숨을 들어 바쳐 갚는다 해도 부족할 것입니다. 대덕들이시여, 그렇지 않습니까? 이 숲의 은혜를 이 숲에 들어 사는 중생들이 어떻게 알겠습니까? 또 대지의 은혜를 이 조그마한 숲이 어찌 알겠습니까? 저 숲속의 허공을 나는 새 한 마리의 자유를 증명하는 것은 땅 위의 그림자뿐입니다.

우리의 이번 여행이 걸림이 없고 · 인색함이 없고 · 지침이 없고 · 다함이 없고 · 소리가 없고 · 충돌이 없게 하는 것이 우리가 그분에게 받은 은혜를 증명하는 것입니다. 대덕들이시여, 나는 눈물이 납니다. 무엇으로, 또 무엇 때문에 이 눈물을 굳이 감추려 하겠습니까? 그럴 이유가 전혀 없는 것입니다. 내가 세존의 자리에 반분하여 앉는다 하여도, 이 눈물은 결코 포기하지 않을 것입니다. 그분을 다시는 뵙지 못할 것이라는 절망이, 그분을 처음 만난 감동과 행복을 수정하게 하거나 무의미하게 하거나 감소하게 하지 못합니다. 비록 항상 곁에서 받들어 모시지 못하였지만, 그것은 그분과 나의 헤어짐에 의한 것이 아니라 믿음에 의한 나눔이었을 뿐입니다.

믿음은 한 곳과 또 다른 곳이 멀리 있을수록 오히려 더욱 돋보이는 법입니다. 한 발자국 거리에 평생을 같이 있다 하여도, 한 몸 속에 들어가지지 않는답니다. 그렇다면 십리나 혹은 백리나 혹은 천리를 떨어져 있다 한들 다를 것이 무엇이겠습니까? 이미 나눈 마음이 있는 자리는 아무리 공간을 늘린다 해도 나누어지지 않는 것입니다. 우리와 그분과의 공간적 차이는 점점 무의미해질 것입니다. 비록 이 우주가 점점 커져 살찐 어미닭처럼 부풀어 오른다 하여도 기쁨과 아픔의 공유 속도와 거리는 조금도 영향을 받지 않을 것입니다.

삼가 이 뜻과 말과 몸을 다하여 세세무궁토록 세존이신 석가모니붓다에게 목숨마다 열반으로 은혜를 갚으며 귀의할 것입니다.

나무 붓다! 나무 다르마! 나무 상가!"

마하가섭 대장로의 세존에 대한 아름다운 추억이 끝나자, 숲속에 있는 5백 마리의 사자와 같고, 5백 마리의 사슴과 같고, 5백 마리의 코끼리와 같고, 또한 5백 마리의 어진 소와도 같은 대중들이 일제히 세 번 소리를 연이어 "나무 붓다 · 나무 다르마 · 나무 상가"를 암송하는 소리가 고요한 숲속 밤의 적막을 깨는 유일한 흔적이 되었다. 아니 숲속만이 아니었다. 왜냐하면 그 소리는 숲이 감히 가두지 못하여 잽싸게 부풀어 터져 버리는 풍선처럼 고요함을 삼키며 전 우주를 향해하며 메아리쳐 가고 있었기 때문이다.

5

이틀째 되는 날.
　마하가섭 대장로의 상수제자인 새샤드리가 자리에서 먼저 일어나 스승인 대장로의 곁에 갔을 때, 그는 이미 나무아래에서 좌선에 들어 있었다. 아침이 되어 일어난 것이 아니라 그를 위하여 아침이 와 준 것이었다. 그는 밤새 등을 땅에 눕히지 않았다. 그런 그에게 아침이 되어 일어난다는 말은 어울리지 않았다. 지저귀는 가지가지 새들의 언어가 북적거리는 시장속의 상인들의 언어처럼 들린다고 생각되었을 때, 새샤드리의 아침 문안을 받았다.
　"새샤드리여, 이제 서두르자. 내일 정오까지는 우리가 쿠시나가라에 도착할 수 있어야 한다. 그들이 이미 우리를 기다리느라 너무 많은 인내를 한 나머지 의견이 엇갈리고 있다. 어서 대중들을 깨우고 서두르자."
　스승의 말씀을 떠받드는 데 처녀의 물 긷는 손만큼 곱고 우아한 마음을 가진 새샤드리는 황급히 청아한 목탁소리로 숲속을 울렸다. 일행은 다시 두 줄로 나란히 서열 순으로 서서 걷기 시작했다. 정오가 되어 어제 탁

"새샤드리여, 이제 서두르자. 내일 정오까지는 우리가 쿠시나가라에 도착할 수 있어야 한다. 그들이 이미 우리를 기다리느라 너무 많은 인내를 한 나머지 의견이 엇갈리고 있다. 어서 대중들을 깨우고 서두르자."

· 쿠시나가라의 열반당.

발을 하였던 팀이 숲속에 들어가 좌선을 하고 나머지 팀은 두 사람이 한 조가 되어 마을마다 탁발을 하고 그것을 둘로 나누어 한 끼가 전부인 공양의식을 한 뒤, 다시 종종걸음으로 쿠시나가라로 향했다.

어느 새 다시 해가 저물고 저녁이 되자 일행은 다시 근처의 아함비드라는 숲속에 들어가 하룻밤을 보내기로 했다. 어제의 피웃다시가 다시 드높은 열정으로 자리에서 일어나 가사의 먼지를 털어내고 대중들 앞으로 나와 그에게 법을 설해줄 것을 청하였다.

"대덕시이시여, 마음의 길잡이시며, 붓다의 뜻이 담긴 그릇이시며, 바르게 늙어 가는 어른이시여, 우리들은 대존자의 법 듣기를 바랍니다. 열반의 미묘한 법 듣기를 바랍니다. 부디 세존께서 오신 뜻과 가신 뜻을 알려주시기 바랍니다. 오랜 걸음으로 피곤하시겠지만, 마치 세존께서 남은 한 방울의 피와 땀마저도 이 땅을 딛는 모든 이들에게 뿌리는 것을 마다하시지 않으셨던 것처럼 거절하지 말아주십시오."

거듭되는 간청과 대중들의 합원(合願)으로 청하는 청법의 자리에서는 간결한 성품도, 고요한 성품도, 수줍은 성품도 다 소용없었다. 그는 자리에서 일어나 가사를 털어내고 다섯 발가락이 삐쭉삐쭉 튀어나온 짚으로 만든 샌달을 내딛으며 대중의 한가운데로 나와 피웃다시가 깔아 놓은 좌복 위에 앉았다. 그리고 달빛과 같은 은은한 눈빛으로 한참을 침묵하다가 금구(金口)를 열어 말을 꺼냈다.

"세존께서 반열반에 드신 시간은 점점 멀어지나 대반열반지는 우리에게 가까워 오고 있습니다. 하나의 열반은 하나의 시간과 하나의 공간입니다. 우리가 가는 곳은 과연 누구의 열반입니까? 우리는 과연 누구의 열반을 위하여 이렇게 가고 있는 것입니까? 세존입니까, 아니면 우리 자신입니까? 열반지(地)는 가까워 오고 있으나, 열반(의 시간)은 점점 멀어지고 있습니다.

벗들이여, 나의 벗들이여, 얼마나 많은 말을 하여야 열반을 남김없이 말할 수 있을까를 생각하여 보았습니까? 얼마나 많은 목숨이 생과 멸의 수고를 다하여야 열반의 묘법을 체득할 수 있을까를 생각하여 보았습니까? 그것이 불가능하다고 느낀다면, 열반은 말할 수 있는 것이 아닙니다. 그것이 불가능하다고 느낀다면, 열반은 따로 체득되어지는 것이 아닙니다.

세존께서는 그렇게 오시고 그렇게 가시는 것입니다. 한 조각의 빵을 먹는 것은 열반을 말하는 것입니다. 한 무더기의 똥을 누는 것은 열반이 따로 얻어지는 것이 아님을 보여주는 것입니다. 생(生)은 사(死)의 열반이며, 사는 생의 열반입니다. 수없는 생과 사는 수없는 열반입니다. 이것은 헤아릴 수가 없고, 분별하여 가려 낼 수가 없고, 측량하여 선을 그을 수가 없는 것입니다. 오직 붓다만이 알 수가 있습니다.

붓다! 누구입니까?
그는 바로 나입니다.
누가 나입니까?
나는 바로 전부의 시간과 전부의 공간입니다.

그것은 나타나면 있는 듯하지만, 감추면 또 없는 듯한 것입니다. 그것이 법입니다. 이 법을 아는 사람이 바로 우리 승가입니다. 승가만이 이것을 아는 사람. 곧 법을 알고 법을 아는 사람만이 시공을 알고, 시공을 아는 사람만이 나를 알고, 나를 아는 사람만이 붓다를 알고, 붓다만이 열반을 압니다.

오늘 몹시 힘이 듭니다. 이만,
나무 붓다! 나무 다르마! 나무 상가!"

그의 간결한 법문이 끝나자 숲속은 기침소리 하나 없이 고요했다. 고요함은 열반의 언어이기도 했지만 감동의 징표이기도 하듯…. 그렇게 한 밤이 또 가고 있었다. 저녁이면 숲속에 들어가 각자 나무 아래에서 좌선과 휴식을 취하고, 새벽이면 어김없이 세존의 대반열반지를 향하여 걷곤 하는 행군. 그 사흘째 날, 마침내 그는 일행을 이끌고 쿠시나가라 사라쌍수 아래로 다가가기 시작했다.

그러나 그곳에서는 그가 예견한 대로 조바심을 견디지 못한 사람들의 의견에 밀려 벌써 세존의 관에 불을 댕기는 온갖 노력을 하고 있었다.
(이러한 노력은 벌써 며칠 전부터 다비식 준비를 다 마치고 상수제자인 마하가섭 등이 오기를 기다려온 충분한 인내심 후에 비롯된 것이었다.)
그러나 웬일인지 참나무를 차곡차곡 쌓아 올린 곳에 횃불을 대기만 하면 불은 이내 꺼졌다. 한번 두번 여러 차례 반복했지만 불이 붙지 않았다. 이런 일이 반복되자, 여러 나라의 왕을 비롯한 사람들은 이 일이 대체 어인 연고인가를 세존의 제자들에게 물었다.

사실 세존의 열반에 대한 다비식은 전부 세속인들인 왕들과 재가 신도들, 그리고 천신들의 몫이었다. 출가수행자들의 역할은 다만 다비식이 출가수행자의 법도에 맞게 하도록 지시를 해 주는 것이 전부였다. 그러니까 세존의 육신을 관 속에 안치하여 장작더미 위에 옮길 때부터 뭔가 이변이 있었다. 사람들이 양쪽에서 관을 들려고 해도 관이 꿈쩍도 하지 않는 것이었다. 사람들은 이상한 일이라고 여기면서 좀 더 힘있는 장사들을 뽑아서 관을 옮기고자 했으나, 그 역시 허사였다. 관은 마치 땅속 깊이 뿌리를 내린 듯 흔들리지도 않았다.

그제야 이 일을 이상히 여긴 왕들과 대신들과 재가신도들이 아난다나 아니룻다 등의 제자들에게 의논했다. 천안제일인 아니룻다가 천안(天眼)으로 살펴보고는 그것이 천신(天神)들의 불만에 의한 것임을 알게 되었다. 그리하여 아니룻다의 말대로 관의 한쪽은 천신들에게 양보하여 나누어 주고 다른 한쪽만 사람들이 들도록 하자, 비로소 관이 균등히 허공으로 올라, 한쪽은 사람들이 한쪽은 천신들이 모셔들고 다비장까지 옮겨 모신 것이었다.

(물론 천신들의 자리는 사람들이 보기에는 아무것도 보이지 않은 텅 빈 채로다.)

이런 기이한 일을 이미 경험한 사람들이 이번에는 나무에 불이 붙지 않자 또다시 동요하며 직제자인 아니룻다와 아난다 등에게 찾아가 일을 보고하자, 다시 아니룻다가 그것은 상수제자이신 마하가섭 존자 일행 5백여 명을 세존께서 기다리신다고 말했다. 그때 마하가섭 존자가 일행 5백여 명 대중들을 이끌고 저 멀리에서 장중한 걸음으로 들어오는 것이었다. 그들은 먼 길을 오랫동안 걸었지만 조금도 흐트러지지 않았다.

6

마하가섭!

그의 마음은 비록 그가 이미 아라한의 과위에 올라 모든 '번뇌의 마음' 씨앗을 다 말려 버렸다 할지라도, 번뇌가 아닌 마음까지 버린 것은 아니었으므로 그 지극히 순진한 마음에는 슬픔도 하나의 깨달음이었다. 번뇌에 타오르는 슬픔이 아닌, 마음에서 마음으로 이어지는 이들만이 나눌 수 있는 이별의 슬픔을 감추지 않는 표정으로 천천히 세존께서 누우신 관을 향해 다가갔다.

샌들을 즐겨 신는 그의 발은 다섯 발가락이 꾸부정하게 나와 대지에 차분히 균등하게 달라붙어 있는 채, 차라리 대지가 그를 옮긴다고 할 정도로 조용했지만, 이슬과 같은 슬픈 눈물은 인간세계에 인연으로 태어난 모든 이들의 그것과 다름이 없었다.

두 손을 모아 세존의 관을 안아 잡은 채 하염없는 눈물을 쏟았다. 혼절할 것처럼 눈물을 쏟았다. 이미 늙은 마하가섭의 주름진 얼굴은 어미를 잃은 아기처럼 비통한 슬픔에 젖었고, 온몸의 근육은 슬픔으로 뒤틀려 제

'번뇌의 마음' 씨앗을 다 말려 버렸다 할지라도,
번뇌가 아닌 마음까지 버린 것은 아니었으므로
그 지극히 순진한 마음에는 슬픔도 하나의 깨달음이었다.

· 쿠시나가라 열반당 안의 부처님 열반상.

각각으로 이지러지고 말았다. 주체할 수 없는 마하가섭의 슬픈 눈물은 세존의 관 위를 흥건히 적셔 전단향 장작더미로 스며들었다. 그토록 보고 싶었던 그리움 탓이었을까? 강물 같은 눈물 탓이었을까? 황금빛 관 밖으로 천천히 세존의 두 발이 나오기 시작했다.

    마하가섭은 물론 그 뒤에 한쪽 무릎을 꿇은 채 다 같이 합장을 하고 있던 5백여 명의 대중들과, 그 뒤에 여러 겹으로 둘러서 있던 모든 사람들이 다 함께 이 장엄하고도 신이(神異)한 광경을 지켜보았다. 그는 세존의 발이 발목까지 나올 때까지 한참 동안을 우러러 바라보며 마냥 눈물을 쏟고 있었다. 아니, 세존의 발이 한참 동안 마하가섭을 바라보고 있었던 것이다. 마치 그 옛날 영산회상에서 세존께서 그에게 연꽃을 들어 보이심으로 마음을 전하신 것처럼, 또는 다자탑에서 세존이 뒤늦게 들어오는 그에게 당신의 자리를 반분(半分)하여 앉게 하시어 동등함을 인가하여 주셨던 것처럼, 이제 마지막으로 마하가섭에게 마음의 족적을 남기시고자 함이라 생각하여, 감히 잠시도 눈을 뗄 수가 없었다. 그는 일생일대의 모든 힘을 기울여 세존의 발을 우러러 응시했다.

    생각 같아서는 위없는 스승의 법체인 발목을 그리운 마음으로 너무나 슬픈 마음으로 한 번 안아보고 싶었지만, 함부로 그리 하는 것이 자칫 마지막으로, 제자인 그에게 보여주시는 세존의 뜻을 거스르는 것 같아서, 어금니를 꽉 물어 참고 참으며 우러러 바라보기만 하였다.

    아, 세존의 발은 아름다웠다. 발바닥은 둥글게 원을 그린 선들이, 마치 우주의 지도를 갈무리 해 놓은 것처럼, 나선형으로 둘러 발목을 따라

주체할 수 없는 마하가섭의 슬픈 눈물은 세존의 관을 흥건히 적셔 전단향 장작더미로 스며들었다.
그토록 보고 싶었던 그리움 탓이었을까? 강물 같은 눈물 탓이었을까?
황금빛 관 밖으로 천천히 세존의 두 발이 나오기 시작했다.
마치 그 옛날 영산회상에서 세존께서 그에게 연꽃을 들어 보이심으로 마음을 전하신 것처럼,
또는 다자탑에서 세존이 뒤늦게 들어오는 그에게 당신의 자리를 반분(半分)하여 앉게 하시어
동등함을 인가하여 주셨던 것처럼….

· 붓다의 족상. 우시나가라 부처님 열반상.

올라가고 있었으며, 앙상한 살은 평생을 하루도 쉬지 않고 걸어 다니신 흔적으로 남아, 중생들이 있는 곳이면 어디든지 가보지 않은 곳이 없다는 대자대비의 증거이기도 했다. 그것은 마치 그에게 세존의 음성과 같이 고요했으며 분명했다.

'마하가섭이여, 나의 마음을 훔친 도반이며 제자여, 나의 이 두 발을 보아라. 네가 보는 이 두 발은 내가 남아서 입으로 천 마디 만 마디를 더 말한다 하더라도 담지 못할 나의 마음이니라. 내가 그대를 만나 비로소 나의 외로움을 덜었나니, 그대만큼 나를 잘 알아주는 이가 이 세상과 저 세상에 어디 있더란 말인가! 마치 내 마음을 내가 아는 것처럼, 그대는 나의 마음을 이미 두 번씩이나 알아주었으니, 이 세 번째의 마음을 모른다 하지 마라. 그대가 본 것 그대로가 바로 나의 마음이니, 나의 마음 그대로가 곧 그대의 마음이 되리라.

그맨 저 때, 우리의 만남을 기억하는가?

그 나무 아래에서 내가 선정에 들어 있던 때에, 그대는 나를 찾아왔다. 나는 지금도 그때를, 그대가 나의 이 두 발을 보는 것처럼, 똑똑히 기억하고 있느니라. 마하가섭이여, 나의 도반이며 제자여, 아직도 그대는 그대가 내게 왔다고 생각하는가? 아니다. 마하가섭이여, 내가 그대를 기다렸다가 내가 그대를 만났느니라. 기다리고 있던 나에게 그대가 나타나 준 것뿐이다. 그것은 예나 지금이나 마찬가지다. 지금도 그대는 나흘 길을 사흘 길로 걸어서 나를 만나러 왔다고 생각하는가? 아니다. 내가 그대를 나흘을 사흘로 기다려준 것이니라.

참으로 잘 왔도다. 나의 도반이며, 나의 제자여! 그 누가 따로 있어 그대처럼 나의 도반이 되어주랴! 그대는 마땅히 내 마음을 전해 받았으니, 여래의 도반이며 여래의 법을 이어 갈 제자이니라. 그대는 기억하라. 우리는 일찍이 영산회상에서 '마음법'을 주고받았다. 나는 그때 이미 그대에게 열반의 미묘한 마음을 전해 주었다. 또 다자탑 앞에서의 일을 생각하라. 나는 그때 그대에게 나의 불신(佛身)을 나누어 주었다. 이렇게 나의 마음과 몸을 전해 받은 그대가 있지 않았다면 나는 오늘 결코 열반에 들지 못했을 것이다. 저 어린 중생들을 놔두고 대책없이 여래가 열반에 드는 것은 옳지 않기 때문이다.

그러나 이제 나에게는 그대가 있으니, 내가 할 일은 다 마쳤다고 본다. 더 남아 있다고 하여도, 여래의 마음과 몸이 이 사바세계에 중복하여 있는 것밖에 안 되느니라. 그러므로 마하가섭이여, 나의 도반이며, 나의 제자여! 너무 슬퍼하지 마라. 만나면 반드시 헤어진다는 것은 우리의 법이기도 하다. 나는 이제 마땅히 진정한 열반을 그대와 대중들에게 보이리라. 이 열반은 대반열반이며, 이 열반은 진정한 열반이며, 이 열반은 유위(有爲)가 아니며, 이 열반은 갔다가 다시 오는 것이 아니며, 이 열반은 몸으로 하는 것이 아니며, 이 열반은 하늘의 신들도 따라 할 수 없는 것이며, 이 열반은 다른 불국토의 모든 부처님들께서 지켜보시는 열반이니라.

그러므로 마하가섭이여, 석가모니붓다가 없어졌다고 말하지 마라. 석가모니붓다가 갔다고도 말하지 마라. 석가모니붓다가 이곳에서 몸을 감추어 저곳에 이르렀다고도 말하지 마라. 여래는 32상 80종호의 더 없이 깨끗하고 완벽한 색신(色身)으로 왔지만, 마침내 모든 상(相)은 상(相)이 아닌 곳에 들어감을 보이고자 한 것뿐이니라.

　　삼천대천세계에서 누가 나의 몸을 흉내내랴! 하지만 이러한 몸도 마침내는 한 줌의 재로 남을 뿐이라는 것을 너희에게 보여주어 몸을 가진 이들의 비애와 서러움을 위로하고자 한다면, 이는 여래의 큰 자비인 것을 알아야 하느니라.

　　마하가섭이여, 나의 도반이며 나의 제자여, 여기 내가 마지막 그대에게 거듭 증명하여 보이는 나의 마음을 받아라. 이 열반적정의 참마음을 받아라. 마침내 우리는 열반의 적정함을 저들에게 보여주어야 하리라.

　　나는 괴로움을 알았고, 괴로움의 원인을 알았고, 괴로움이 없는 곳을 알았고, 괴로움을 없애는 길을 알았느니라. 그리하여 그렇게 말하였고, 그렇게 가르쳤고, 이제 그렇게 증명하려 하노라. 여래가 이렇게 증명하는 것은 오직 여래의 마음을 받는 이에게 꼭 필요한 일이기 때문이다. 그대는 이 증명을 가지고 훗날 다음의 부처가 다시 이 땅에 오실 때에, 석가모니 붓다가 이 세상에 그와 같이 와서 그와 같이 갔음을 증명해야 한다. 그리하여 불가사의한 열반의 묘미를 증명하도록 해야 한다.

　　마하가섭이여, 이제 그만 눈물을 거두고 대중들을 달래어 추스르고 위로하도록 하라. 나는 여래가 온 것이 그와 같은 것임을 보이리라!'

　　그는 그제야 천천히 세존의 금관에서 뒤로 물러났다. 세존의 발은 마치 요술봉처럼 줄어들어 도로 관 속으로 천천히 들어가셨다. 사람들은 이 장엄한 광경 앞에 눈물을 흘리며 "나무 붓다"를 쉬지 않고 애창(哀唱)하여 온 하늘과 대지를 덮어버렸다.

세존의 두 발이 모두 관 속으로 들어가자마자 관은 스스로 공중에 떠올라 위로는 불을 뿜고 아래로는 물을 뿜어대며, 동서남북과 위아래를 고루 운전하듯 운행하더니, 더할 수 없는 광명의 불을 내어 스르르 한순간에 불타올랐다. 한낮의 태양조차도 빛을 잃는 순간이었다.

숲은 온 우주를 다 비추고도 남아돌 만큼 밝고 밝았지만, 사람들은 전혀 뜨거움을 느끼지 못했고, 또한 눈이 부시지도 않았다. 유성처럼 떨어지는 생멸법(有爲法)이었다.

허공처럼 다함 없는 무위법(無爲法)이었다.

그는 자리로 돌아와 남은 제자들을 추슬렀다. 제자들로 하여금 제자리에 앉게 하여 한 음성으로 "나무 붓다"를 일심염송하게 하였다. 그 장엄한 염송소리는 숲속에 가득 차고도 넘쳐 파도처럼 퍼져 나가더니, 마침내 재가제자들이 모여 있는 곳에서도 "나무 붓다"의 일심 염송이 합창되기 시작하였다. 끝없이 끝없이, 아 끝없이….

마하가섭은 세존의 대반열반의 큰 파도가 잠잠해진 후, 고요해진 숲속의 빈 곳에서 여느 때처럼 홀로 앉아 있었다. 아무리 생각해도 꿈만 같은 일이었다. 이제 이 세상에 세존이 계시지 않는다는 사실이 꿈만 같았

아무리 생각해도 꿈만 같은 일이었다.
　　이 세상에 세존이 계시지 않는다는 사실이 꿈만 같았다.
　　　　여기를 가도 그분의 음성이 울리는 것 같고,
　　　　저기를 가도 그분의 고요한 발자국소리가 차박차박 쏟아져 들어오는 것 같다.
　　　　마하가섭은 세존을 생각하며 세존을 그리워하는 것만으로도 행복했다.
　　　　그리움이라는 것이 결코 부담으로 돌아온 적이 없다.

・ 라마바르 탑. 석가모니부처님의 유해를 다비한 곳이다.

다. 여기를 가도 그분의 음성이 울리는 것 같았고, 저기를 가도 그분의 고요한 발자국소리가 차박차박 쏟아져 들어오는 것 같았다. 마하가섭은 혼자서, 또는 다른 제자들과 어울려 세존께서 살아 계실 때의 일을 추억으로 나누고 음미하면서 하루하루를 보내는 것이 그나마 좋았다. 세존을 생각하며 세존을 그리워하는 것만으로도 행복했다. 그리움이라는 것이 결코 부담으로 돌아온 적이 없다.

7

그렇게 한 계절이 훌쩍 지나고 우기의 장마철이 다가와 안거(安居)에 들어갔는데, 그 기간에 문제가 생겼다. 세존의 열반 후 교단 내의 이미 번뇌가 다한 대덕 아라한들이 스스로의 의지를 가지고 하나 둘씩 열반해 버린 것이었다. 이러다간 아라한이 지상에서 모두 사라져 씨가 말라버리지 않나 싶을 정도로 열반은 유행처럼 번졌다. 이미 상당한 아라한들이 열반해버렸거나 열반을 앞두고 있는 것이 그의 눈에는 또 하나의 큰 걱정거리였다.

그러던 어느 날, 그는 숲속의 나무 사이를 걷다가 우연히 다른 비구들이 나누는 이야기를 듣게 되었다. 그들은 삼삼오오 모여 세존의 열반으로 텅 빈 자리를 어떻게 할 것인가를 말하고 있었다. 그 중 한 사람이 마치 마하가섭에게 일부러 들으라고 의도한 것처럼 큰 소리로 말했다.

"무엇 그리 걱정스러울 게 있겠소. 사실 세존께서는 너무 예민하셔서 늘 우리에게 아주 사소한 행동, 이를테면, 숲속에 먹다 남은 음식 찌꺼기를 버리는 것까지도 하나하나 간섭하시면서 노파심을 나타내셨소이다. 우리는 어린아이들이 아닌데도 마치 어린아이를 대하듯 하셨어요. 사람이 먹으면 똥으로 나오게 마련이고, 또 몸 밖으로 나온 것은 숲속 어딘가에 버리게 마련인데, 그런 것들 하나하나까지 일일이 잔소리를 하시고 규범을 만든다는 것은 지나친 간섭이었지요. 그런 점에서 볼 때 세존의 열반으로 이제 우리가 오히려 더 개선하고 개량할 수 있는 여지가 생긴 셈이니, 그런 점을 깊이 고려해 봄직 하지 않겠소?"

8

이 말을 들은 마하가섭은 큰 충격을 받았다. 뒤통수를 누가 단단한 목침으로 후려치는 것 같은 아픔이 왔다.

'나의 이 그리움은 저이에게는 몰가치한 정신의 남용에 불과한 것이더란 말인가!'

그는 당장에 자기가 기거하는 동굴로 돌아온 다음, 세존의 제자로서 세존의 열반을 편리성과 연관시켜 미래의 안락함을 도모하는 의도들이 얼마나 해악적이며 또 오래 갈 것인가에 대해 곰곰이 생각해 보았다.

'개개인의 성향은 출가와 어떤 관계가 있는 것일까? 성향이란 다스려지지 않은 조랑말 같은 것이어서 그냥 두면 망아지처럼 뛸 것은 뻔하다. 성향이란 빈 곳에 가득 차오르는 공기와 같아서 저절로 움직인다.'

'세존의 행적과 가르침을 흩어지지 않게 망태기에 담아 두어야겠다.
　　　나는 이 작업에 언어가 불가피하게 필요하다는 것에서
　　유위법[언어]이 무위법[열반]을 그려내는 것은
　　　　불가능하다고 여겨 그리 썩 좋게 생각하여 오지 않았지만,
　　만약 그렇게라도 해 두지 않으면 나중에는 무소의 그림을 여우로 그려낼 지도 모른다.
　경이라 칭하고 그것들을 모으자, 어서 빨리!'

· 보드가야의 불족.

이런 생각이 들자, 그는 뭔가 저 움직이는 성향들과 앞으로 그것들의 끊임없을 도전에 대한 흔들림 없는 자세를 확실하게 보여줘야 할 필요가 있다고 느꼈다.

'세존의 행적과 가르침을 흩어지지 않게 망태기에 담아 두어야겠다. 나는 이 작업에 언어가 불가피하게 필요하다는 것에서 유위법[언어]이 무위법[열반]을 그려내는 것은 불가능하다고 여겨 그리 썩 좋게 생각하여 오지 않았지만, 만약 그렇게라도 해 두지 않으면 나중에는 무소의 그림을 여우로 그려낼 지도 모른다. 경이라 칭하고 그것들을 모으자, 어서 빨리!'

이렇게 결심한 그는 그러나 이 일을 어떻게 해야 할지 막막하기만 했다. 무려 45년 간의 세존의 가르침을 직접 받은 사람들이 한둘이 아니고, 그 사람들마다 각기 자기의 근성에 맞게 해석하고 이해한 마당에, 그 모두를 다 모은다는 것은 도저히 불가능해 보였다. 어떻게 용기를 내어 그렇게 해본다 한들 비 온 뒤 나무 흔들기밖에 안 될 것 같았다.

이렇게 한참을 궁구하던 그에게 번쩍 떠오르는 섬광 같은 아이디어!

'그렇다. 세존의 가르침은 담마[法]이다. 담마는 깨달음이다. 마땅히 깨달음의 언어를 쓸 수 있는 사람들의 몫이어야 한다. 그렇다면, '이러저러하면 깨달을 것이다'가 아니라, '깨달은 이는 이러저러하다'고 하는 것이 옳다. '나는 이렇게 저렇게 들어서 깨달았다'가 아니라, '깨달은 이는 이렇게 저렇게 들었다'로 시작되어야 한다. 마땅히 아라한들로 구성되는 결집을 생각하자.'

아라한(阿羅漢)! 다툼이라고는 그 언어의 씨앗조차 마음에 없다는 뜻

〔無爭〕을 가진 말이다. 당연히 모든 땅과 모든 하늘의 공양을 받을 뜻〔應供〕을 가진 낱말이다. 탐욕과 성냄과 우치〔三毒心〕는 그 뿌리조차 말리는 잔인함을 가졌다는 뜻〔無我〕이다. 더 이상 배움의 자리에 남아 있을 필요가 없다는 뜻〔無學〕을 가진 낱말이다. 몸뿐이 아니라, 한 생각까지도 태어나지 않게 한다는 뜻〔無生〕이다.

그는 아라한이었다. 그렇기 때문에 다른 이가 아라한인지 아닌지를 직관적으로 안다. 일단 그렇게 방향을 정하고 나자, 교단 내에 아라한의 숫자가 그들의 열반으로 더 줄어들기 전에 이 일을 시작해야 한다고 생각되었다. 또한 아직은 아라한의 숫자가 적지 않음을 알고 그 규모를 얼마정도로 하여야 할지도 아득하였다. 너무 많으면 경을 결집하는 동안 적지 않은 기간을 공동생활 하는데 따른 부담이 녹록치 않을 것이고, 너무 적으면 경의 대의를 모으는데 또한 축약적일 수도 있다. 이렇게 고민하다 보니 어느 새 밤이 깊었다.

아침에 일어나 숲을 거닐며 결집에 참여할 이들의 범위와 규모를 어느 정도로 할 것인지 대충 마음에 생각하고 정하여 보니, 아라한으로서 5백 명으로 하는 것이 좋을 것 같았다. 5백 명이 한곳에서 지낼 만한 장소로는 평소에 보아 두었던 계족산 칠엽굴이 안성맞춤이고, 재가신도들이 음식을 대주기에도 그리 부담되는 곳이 아닐 것이다. 칠엽굴은 산 중턱 벼랑에 새 둥지처럼 천연적으로 생긴 제법 큰 굴이다.

아라한을 모으기에는 별도의 검증 절차 없이 효과적으로 모을 수 있다. 또한 의사의 전달도 아라한의 타심통(他心通 : 다른 이의 마음을 아는 힘)

을 이용하면 이 역시 별도의 검증절차나 알림 없이 서로 가능한 일이므로 생각보다 간단한 일이기도 했다. 이렇게 생각을 굳히자 그는 굴로 돌아와 상수제자인 새샤드리를 찾았다. 그리고 그에게 세존의 십대제자 중 아직 열반에 들지 않은 나머지 제자들을 한 자리에 모이도록 했다. 그들과 이 일을 상의하는 것이 좋을 것 같았다.

새샤드리가 그의 지시를 받고 막 산 아래로 내려가려는 참에 스승이 다시 부르는 소리가 들렸다. 올라가 공손히 서 있는 그에게 스승은 번복하는 말씀을 했다.

"아니다. 새샤드리여, 그럴 필요가 없다. 나는 경율을 결집하려 한다. 아마 한 계절이 다 필요할지도 모르겠다. 너는 다른 십대제자들에게 가는 대신 왕궁으로 가서 왕께 전해라. 전하되, 우리가 세존의 경율을 결집하려 하니, 약 삼개월간 오백의 대중들에게 매일 정오에 한 끼씩 음식을 가져와 공양해 줄 수 있는가를 미리 여쭈어 보아라."

새샤드리가 스승의 말씀을 받고 다른 동료 둘을 합쳐 셋이서 숲을 나와 왕궁으로 향하는 동안, 그는 자기가 고쳐먹은 생각에 흠은 없는지 다시 한 번 찬찬히 점검했다.

'이 일은 느닷없이 하는 게 좋다. 그렇지 않으면 사전 조율하는 데만 오랜 시일이 걸릴 것이다. 더군다나 십대제자 중 아난다는 아직 아라한과를 얻지 못했다. 그러나 그가 없으면 경을 모은다는 것은 도저히 불가능하다. 그는 세존의 말씀을 우물에서 퍼온 물을 물단지가 담고 있듯이 정확하게 기억하고 있다. 그렇다고 아직 번뇌가 있는 그를 참여시킨다는 것은 여우가 사자의 굴에 들어있는 것과 같아 어울리지 않는다. 이참에 내 그를 부끄럽게 하여 반드시 사자로 만들고 말 것이다.'

⑨

그러한 점을 그는 벌써 여러 번 아난다에게 주의를 주며 스스로 정진할 것을 주문하였지만, 그때마다 아난다는 법보시(法布施)의 중요성을 강조하며 차마 그것을 물리칠 수 없노라고 변명만 하였다. 마하가섭은 같은 항렬의 제자가 유독 아난다 하나만 아직 번뇌를 다 끊지 못한 것이 마음에 늘 걸렸던 참인데, 이 기회에 그를 부끄럽게 하여 분심(忿心)으로라도 정진하게 하여 그의 일을 마치게 도와 줄 생각이 들었다. 그래서 그는 얼른 마음을 바꾸게 된 것이다.

성으로 들어간 새샤드리가 돌아와 그에게 왕이 기꺼이 뜻을 받들어 음식공양을 하겠노라고 대답한 것을 전하자, 그는 즉시 자기의 물건들을 챙기고 떠날 준비를 하였다. 물건이라고 해 봤자 세존과 바꿔 입었던 가사 한 벌과 여벌의 누더기 가사 한 벌, 발우, 좌복, 짚으로 엮어 만든 샌들이 전부인 그에게 달리 챙길 것도 없었다.

뉘엿뉘엿 지는 해에 길게 그림자를 드리우며 그는 터벅터벅 걸어 칠엽굴로 올랐다. 칠엽굴은 언덕이 둥그렇게 솟아오른 정상부근의 서쪽에 있는 천연동굴이고, 한눈에 왕사성이 다 내려다보이는 곳이다. 석분처럼 돋아난 들꽃들 사이로 걸어 올라가면 그리 높지 않은 절벽 중간에 새 둥지처럼 둥근 입구만 보이는 칠엽굴은 오래된 넝쿨들이 수염처럼 얼키설키 바위틈을 휘감아 돌고 있다. 비교적 외진 곳 산 아래 칠엽굴 밑에 다달아 고개를 들어 쳐다보니, 10~15미터쯤 벼랑 위에 둥근 굴 입구가 보이고, 그 입구 여기저기에 새들이 만들어 놓은 둥지들이 무덤처럼 쌓여 있었다.

그는 숨을 고르며 발아래 능선처럼 유연히 늘어진 계곡을 따라 멀리 왕사성까지 닿는 길을 꼬부랑꼬부랑 눈에 넣으며 '참 아름다운 저녁 한때에 올라오게 되었구나' 하고 생각했다. 천천히 몸을 돌려 절벽 중간에 있는 칠엽굴을 올려다 본 후, 마치 걸어서 계단을 오르는 것처럼 서서히 한 발 한발을 옮기며 허공을 걸어 올라갔다. 한발 한발 허공을 내디딜 때마다 저녁 햇살이 몸을 떠받쳐 주고 있었다. 멀리서 보면 그가 밟고 가는 것이 허공이 아니라, 햇살을 밟고 가는 것처럼 보였다. 바람이 불 때마다 너무 낡아 실오라기들이 너풀거리는 그의 노란 가사가 날개인 채….

칠엽굴 입구에 닿자 그는 천천히 발을 내디며 굴 안으로 들어갔다. 그가 아라한을 모으는 방식을 택한 이유가 기발한 점이 여기에 있었다. '당신이 진정 아라한이오?' 하고 물어볼 필요가 없었다. 굴 안에 들어간 그는 새삼 안이 예전에 본 것보다 더 넓어 보인 것이 맘에 들었다. 5백 명의 사람들이 한자리에 모이기엔 넉넉했다.

장마철이라 좀 눅눅했지만, 그렇다고 박쥐나 다른 동물들이 살고 있는 것은 아니다. 굴 입구에 서서 산 아래를 내려다보니 잠깐 갠 하늘 사이로 햇빛이 줄기줄기 온 숲속을 비추는 것이 여간 아름다운 광경이 아니었다.

그는 잠시 앉아서 휴식을 취한 후, 해가 다 떨어지자 다시 넓은 굴을 혼자 빙 둘러 거닐면서 세존이 살아 계실 때 자신에게 남기신 마지막 게송을 음미하기 시작했다. 그것은 아무도 대신 맛볼 수 없는 그만의 음식이었다. 소가 음식을 되씹는 기능을 가지고 때마다 꾸역꾸역 되새김질하는 것은 오직 그 소만이 할 수 있고 맛볼 수 있는 것처럼, 이 게송은 오직 그만이 되새길 수 있고, 그만이 맛을 알 수가 있었다. 그래서 아직 아무에게도 내민 적이 없는 음식이었다. 감추고 싶을 만큼 아깝거나 신비한 것이어서가 아니라, 내민다 해도 다른 이에게는 무미건조하거나 아무 맛도 느낄 수 없는 것이기 때문이다. 그것은 다음과 같은 것이었다.

法本法無法　　마음이라 하는 마음은 본래 없다.
無法法亦法　　본래 없는 그 마음 또한 훌륭한 마음이다.
今付無法時　　이 마음을 이제 그대에게 부촉하려 하는 이때,
法法何曾法　　다시 어디에서 마음을 구하여 주고받을 것인고!

(참고 : 이는 전혀 유마식 해석이므로 독자께서는 오해 없으시길)

게송을 쉼 없이 읊조리는 그의 음성이 낭랑하게 동굴 안을 메아리쳐 마치 수백 수천의 마하가섭이 사방에서 현신하여 다 함께 낭송하는 것처럼 장엄하게 들렸다. 그는 게송을 한 글자 한 글자 천천히 씹고 또 되씹었다. 거의 몇 시간이고 계속했다. 한 글자 한 글자 염송할 때마다 지난 늦겨울에 열반하신 세존의 모습이 뚜렷이 물상화되어 그려지므로, 도저히 멈

출 수가 없었던 것이다. 어느 새 그의 외롭고 낡은 수레의 바퀴자국처럼 깊이 팬 늙은 눈가에 맑은 눈물이 흐르고 있었다. 비록 그 아래 어깨가 둘이었지만 홀로 있음을 변경시켜주진 못했다. 그때나 지금이나 여전히 그는 홀로 이 마음을 전해 받고 있었다.

아, 이 외로움….

그는 더욱 세존의 외로움을 느끼고 이해하기 시작했다. 그분이 왜 독존의 외로움을 가져야 했는가를 깊이 이해하기 시작했다. 천상천하유아독존(天上天下唯我獨尊)이 인간으로서는 감내하기 힘든 외로움의 고백이라는 것을 알았다. 동굴 바닥에 석순의 젖처럼 또박또박 맺혀 흐르는 늙은 눈물…. 어둠이 낮보다 더 밝고 훌륭했다.

새벽이 되자 동굴 입구에서 희미하게 날이 밝아왔지만, 구름이 짙게 드리운 하늘엔 좀처럼 빛이 트일 것 같지 않은 날이다. 굴 입구에 나와 저 아래 희끄무레하게 이어져 흐르는 얇은 계곡물을 바라보며 오늘 할 일들에 대하여 그것이 얼마나 역사적인 사건이 될 것인지를 직감하는 시간을 가졌다. 세존의 법이, 그 법을 이어 받은 자기 개인 한 사람에게 집중되는 것을 막고, 또한 세존의 법이 개개인의 성향에 종속되어 자의적으로 유포되는 것을 막는 이 일은 뜻 있는 일임이 분명하다고 확신했다.

동굴 한가운데로 돌아온 그는 붓다와 그 법과 승가에게 귀의하는 염송을 한 뒤, 곧 선정에 들었다. 그리고 생각을 띄웠다. 어린아이가 띄우는 연처럼 분명하고도 활발하게 띄웠다.

· 왕사성 칠엽굴.

"세존의 모든 제자들은 들으시오. 나는 마하가섭이고 여기는 칠엽굴입니다. 지금 자신의 열반을 생각하고 있는 분들은 세존의 가르침을 광주리에 담는 일이 끝난 후로 잠시 미루십시오. 그리고 5백의 아라한만을 모시고 세존의 말씀을 결집하고자 하니, 이 뜻을 아는 분들은 속히 이곳으로 올라오시기 바라오."

아! 그가 이 뜻을 띄우기를 마치자마자, 소리 없이 맨 먼저 나타난 사람은 아니룻다였다. 세존의 십대제자 중 육신의 눈이 먼 그는 마음의 눈으로 맨 먼저 그의 뜻을 알았고, 알아차리자마자 마치 힘센 사람이 자신의 팔을 구부리는 것과 같이, 신속하고도 가볍게 이미 칠엽굴 속에 와 있는 것이다. 아니룻다는 사형인 마하가섭의 선정을 방해하지 않기 위하여 조용히 동굴 한쪽에 자리 잡고 앉았다. 두 번째로 온 사람은 수보리, 세 번째는 부루나, 네 번째는 가전연, 다섯 번째 우파리, 여섯 번째 라훌라…

애석하게도 사리불과 목련은 세존의 열반에 앞서 이미 열반하여서 올 수가 없었다. 그들은 아주 짧은 순간에 서로의 마음을 직관적으로 주고받은 다음, 마치 달이 차례차례 이지러지고 차례차례 차오르는데 조금도 어김이 없는 것처럼, 약속이나 한 듯이 하나씩 둘씩 당도하기 시작하였다. 그렇게 5백의 아라한도 거의 다 차갈 즈음 마하가섭을 포함한 499명의 아라한이 모이자 더 이상의 아라한은 오지 않았다. 그는 비로소 선정에서 나와 자리에서 일어나 열기로 가득 찬 동굴 안의 아라한들을 바라보며 말했다.

"잘 오셨습니다. 여러 대덕들이시여, 저의 뜻을 살펴주어 고맙습니다. 이제 한 분의 아라한만 모시면 우리가 원하는 숫자가 채워질 것입니

"세존의 모든 제자들은 들으시오. 나는 마하가섭이고 여기는 칠엽굴입니다.
그리고 5백의 아라한만을 모시고 세존의 말씀을 결집하고자 하니,
이 뜻을 아는 분들은 속히 이곳으로 올라오시기 바라오."

· 부처님께서 오백 제자에게 법을 설하시는 장면.

다. 이에 대한 의견을 듣고자 합니다. 기탄 없이 말씀해 주십시오."

그의 말이 끝나자 대중 가운데 이름이 차브라라고 하는 나이 든 비구가 일어나 말했다.

"대덕 마하가섭이시여, 교단 내에 아라한의 숫자가 5백에 미치지 못하여 그러한 것입니까? 아니면 뜻하신 바가 따로 있어서 그러한 것입니까?"

"존경하는 대덕 차브라이시여, 교단 내에 아라한의 숫자가 모자란 것이 아닙니다. 다만 그들은 저의 뜻을 살펴서 여기에 오시지 않는 것뿐입니다."

"마하가섭이시여, 뜻을 닫지 말고 말씀하십시오. 저희가 다 살피고 받들겠습니다."

"이 자리에는 부처님의 십대제자 중 이미 열반하신 사리불존자와 목련존자 말고는 딱 한 사람이 안 계십니다. 모두 아시다시피 아난다 비구입니다. 그러나 아난다 비구는 아직 번뇌를 다 여의지 못하여 법에 집착하고 있어서, 제가 내는 생각을 파악하지 못하고 있습니다. 저는 이 결집을 번뇌가 아직 남아 있는 사람이 단 한 사람이라도 끼어들면, 그 한 사람이 만일 '나는 이와 같이 들었다'고 할 때에 번뇌가 끼어들어 그만큼 경의 가치가 떨어지고 오래 가지 못할 것이라고 생각합니다.

아직 번뇌가 다하지 못한 사람의 고백은 그것이 아무리 부처님의 말씀을 직접 들었다 해도, '나는 이와 같이 들어서 아직도 번뇌를 다하지 못하고 있습니다'라고 하는 것밖에 되지 않습니다. 이것은 우리의 법과 우리가 증득한 사실과는 전혀 다른 것입니다. 만약 그러한 고백을 모아 경율이라 하여 후세를 위한다고 한다면, 아무도 따르지 않을 것이고, 따라 봤자 소득이 없는 경율이 될 것입니다. 이것은 우리가 경율을 모으는 취지와는 사뭇 다른 것입니다.

그러나, 또한 여러분도 다 아시다시피, 우리 교단 내에서 아난다만큼 부처님의 말씀을 직접 듣고 챙긴 사람이 이 세상과 저 하늘국토에도 없습니다. 그는 부처님을 25년 동안 모시면서, 마치 한 우물의 물을 바가지로 퍼서 물단지 안에 옮긴 것처럼, 잘 간직하고 있습니다. 나는 그의 샘물과 같은 기억을 통해서만이 오직 이 일을 잘 마칠 수 있다고 생각하고 있습니다. 이미 나는 나의 상수제자인 새샤드리로 하여금 경율을 결집할 것이니 왕에게 가서 석 달 동안 음식공양을 청하도록 하였던바, 아마 지금쯤 그를 통하여 아난다 비구도 이 모임의 낌새를 알아채고 있을 것입니다. 그가 오면 나는 그로 하여금 부끄러움을 느끼게 하여 정진하도록 채근할 것이니, 여러분들은 잠자코 이를 도와주셔야 합니다. 그때까지 우리는 경율을 어떻게 결집할 것이며, 결집한 경율은 어떻게 보존할 것인가를 논의하게 될 것입니다."

그의 말이 끝나자 대중들은 저마다 고개를 끄덕이며 아무 말 없이 침묵의 좌정을 유지한 가운데, 아니룻다가 일어나 비록 두 눈이 멀었지만 정확히 좌중 가운데 나서며 대중들에게 말했다.

"세존의 가르침은 실로 방대하고 다양하여 종류별로 나누기조차 어렵습니다. 그것은 또한 가르침을 받은 한 사람 한 사람마다 각각 자신의 근기에 따라 이해하고 응용하는 것이 천차만별이기 때문에, 일관적인 해석을 내놓기도 어렵습니다. 그러나 그 방대한 것을 대별해 보면, 우리는 계율과 선정과 지혜〔三學〕로 압축할 수 있을 것입니다. 아난다 비구는 비록 지혜는 많으나 선정이 약하여 지금까지 아라한의 과위를 얻지 못하였지만, 여기 우리의 우파리 장로는 우리들 중 누구보다도 계율을 마치 자기의 몸처럼 따르고 실천하는데 으뜸이라는 것은 다 아는 사실입니다. 그러므로 계율에 관하여는 우파리 장로가 마땅히 '이와 같이 나는 들었다'고 말해야 한다고 생각합니다. 여러분의 의견은 어떻습니까?"

　　아니룻다의 말이 끝나자 마하가섭을 비롯한 모든 대중들은 아무 이의도 제기하지 않고 침묵으로 깊은 동의를 표시했다. 이들이 침묵으로 동의를 표시하는 것은 세존의 관습을 본 딴 것이기도 하다. 세존은 살아 계실 때에 상대방의 청을 언제나 침묵으로 허락하셨다.

10

　　한편, 이들이 칠엽굴에서 아난다의 문제로 이야기하고 있을 때, 아난다는 마침 새샤드리로부터 일의 전말을 전해 듣고 있었다. 소식을 들은 아난다는 너무나 놀라고 다급하여 다른 장로들을 찾았지만, 모두들 하나같이 보이지 않는 것이 이미 자기만 놔두고 다들 칠엽굴로 간 것으로 추측하고는, 섭섭한 마음보다는 자기 없이 경을 모은다는 것이 얼마나 무익한 일인가를 잘 알고 걱정하는 마음으로 칠엽굴을 서둘러 찾았다. 혼자서,

· 왕사성 칠엽굴. 여러 개의 입구가 보인다.

'나 아니면 이 일은 그들만으로는 힘들 것이다. 내가 도와야 한다. 내가…. 그런데 마하가섭존자께서도 그렇지, 어찌 이 큰 일에 나만 쏙 빼고 하신단 말인가!'라고 생각했다.

아난다가 칠엽굴 아래에 도착했을 땐 어둑어둑 날이 저물어가고 있었는데, 마침 장마철이라 더욱 어두워 보였다. 그는 칠엽굴이 저만치 벼랑 중턱에 위치한 곳임을 몰랐다. 도무지 올라갈 방법을 찾을 수가 없었다. 새가 아니고는 올라갈 수 없다면 소리를 칠 수밖에 더 있겠는가? 그는 두 손을 입에 동그랗게 모아 대고 힘껏 외쳤다.

"접니다. 아난다입니다."

몇 번을 거듭거듭 외치고서야 겨우 굴 입구에 나온 마하가섭의 다섯 발가락 삐죽이 나온 샌들을 올려다 볼 수 있었다. 그는 마하가섭의 얼굴이 보이자 반색을 하며 소리쳤다.

"대덕이시여, 대장로이시여, 제가 어떻게 그곳에 오를 수 있겠습니까? 저를 거기로 좀 올려 주세요. 저도 동참하고 싶습니다."

그러나 그는 얼굴이 샛노랗게 변하는 말을 들어야 했다.

"사자의 굴에 여우가 왜 올라온다는 것이냐? 재주가 있으면 스스로 올라와 보아라."

마하가섭의 이 한마디는 아난다에게 몹시 가슴 아프고도 서러운 말이 되었다. 세존이 가신 후로 믿고 의지할 사람이라고는 도반들뿐인데, 특히 마하가섭 장로의 그 한마디는 마치 오랫동안 믿어 온 연인에게 갑자기 머리채를 잡아당기며 수모를 당하는 낭패한 기분이었다. 그는 그렇게 갑자기 당한 수모에 울대 가득 치솟아 올라오는 서러움을 느꼈다. 너무너무 야속한 '방관자'로 돌변한 마하가섭 장로 앞에서 서 있을 힘조차 없었지만 대지가 간신히 그를 받쳐주고 있었다. 그는 억울했다. 너무 억울했다.

"대덕이시여, 제가 처음에 부처님의 시자를 맡기로 했을 때의 일을 기억하십니까? 저는 그때 극구 사양했지마는, 대덕과 다른 대중들과 여러 대중들이 한결같이 제가 그 일을 맡는 것이 좋다며 천거하고 또 간청하여 제가 부처님을 시봉하게 되었던 것을 기억하십니까? 그때에 저는 감당하기 어려운 일이었지마는 그 일을 수락했었을 때에 제가 한 말을 기억하십니까? 제가 시자의 일을 맡는 대신 스스로의 깨달음은 미루겠다고 했던 말 말입니다.

그것은 아라한이 다른 아라한인 부처님을 시봉하는 것이 법에 맞지 않기 때문입니다. 그런 까닭으로 제가 아라한의 과위를 미루었던 것이지, 제 스스로의 공덕이나 부지런함으로 보아서는 이미 아라한이 되고도 남았을 것입니다. 어찌하여 그렇게 야속하게 저를 여우로 몰아붙이십니까? 너무하십니다."

아난다는 이 말을 하는 동안 서러움이 복받쳐 올라 그만 울컥 눈물이 쏟아졌다. 그는 속마음을 숨기려 하지 않았다. 숨겨봤자 아라한의 마음 앞에서는 큰 소리로 떠든 것과 같이 숨겨지지 않는다는 것을 이미 잘 알고 있는 까닭이다.

"대덕이시여, 마하가섭 존자이시여! 정말 너무 심하십니다. 대덕들이 오직 스스로의 깨달음과 정진을 위해서, 또는 숲속에서, 또는 마을에서, 또는 정사에서 매진하는 동안, 저는 오직 부처님을 시봉하며 살펴드렸습니다. 만일 제가 이 일을 하지 않았다면 대덕이나 다른 대중들이 했었을 것이고, 그러면 제 스스로는 이미 충분히 아라한의 과위에 오르고도 남았을 것입니다. 그러면 지금 대덕 등이 모두 아라한의 지위에 오른 것은 누구의 수고로 인한 까닭입니까?"

이렇게 원망하고 있을 때, 마치 그의 속내를 이미 다 읽고 있는 듯, 위에서는 준엄한 마하가섭 장로의 힐책이 이어져 내려왔다.

"그런 말 하지 마라. 세존께서 열반하신 후, 벌써 얼마나 지났는가? 세존께서 살아 계실 때야 그렇다 하더라도, 열반하신 후까지 포함하여 그런 변명을 하려고 하는 것이냐? 때때로 나는 그대에게 이제는 스스로를 위하여 정진할 것을 권고하였지만, 그대는 그때마다 대중들의 법공양(法供養)을 감당하느라고 듣지를 않아 오늘 이 지경에 이른 것이다. 이 어찌 나에게 대어들 일이란 말이냐? 마땅히 그대 스스로가 첫 번째로 참회할 일이로구나."

아난다는 더 이상 말을 하지 못했다. 마하가섭 장로의 준엄한 질책은 사실이었기 때문이다.

"그리고 그대가 지금 부처님을 시봉한 일을 마치 우리들을 위하여 희생한 것처럼 말을 하지만, 그대가 부처님을 시봉하면서 오히려 불법을 쇠퇴하게 한 일도 없지 않다. 이것은 만일 나나 다른 대덕이 맡아 했다면 충분히 피할 수 있었던 일이다. 그대는 어찌하여 여자가 교단 내에 들어오도록 부처님께 청했더란 말이냐? 이 일로 부처님께서는 깊이 탄식하사 불법이 5백년은 줄어들었다고 하셨다. 이것이 그 첫째이다. 비록 그대가 인정으로서 그녀들을 가엾이 여기고, 또한 과거와 미래의 모든 부처님 교단은 사부대중을 이루어야 한다고 생각하여 그리했다 하더라도, 부처님께서 마땅치 않게 여기신 것을 세 번씩이나 간청하여 그 뜻을 꺾게 하여 여자의 출가를 이루게 하였으므로, 이것은 세존을 잘못 시봉한 것이다.

또 그대는 세존께서 열반지로 향하실 때에 목이 마르다고 하자 물을 떠다 드리지 아니했다. 비록 그때에 수레 오백 대가 강물을 건너며 흙탕물이 되었기 때문에 차마 떠다 드리지 못하였다 하지만, 세존께서는 신통력으로 얼마든지 물을 맑혀 드셨을 것이다. 이것이 그대의 두 번째 참회할 일이다.

또 그대는 세존께서 열반을 결심하시기 전에 그대에게 말씀하시기를, '여래는 목숨을 뜻대로 늘려 한 겁이나 한 겁에 좀 미치지 못하게 머무를 수 있다'고 세 번씩이나 말씀하시며 은근히 권청을 기다렸을 때, 그대는 귀가 멀었더냐? 입이 막혔더냐? 왜 그렇게 더 머무르시도록 권청하여 드리지 아니했더란 말이냐? 그대의 그 소홀함으로 벌써 이 세상은 어두워졌고 중생들은 제도 받을 기회를 일시에 놓쳐 버렸다. 비록 그대가 악마의 장난에 취해 있었다 하더라도, 세존의 제자로서 세존의 곁에 있으면서 악마의 술수에 걸려든 것 자체가 큰 수치이다. 이것이 그대의 세 번째 참회할 일이다."

장로 마하가섭의 준엄한 질책을 들은 아난다 비구는 할 말을 잃었다. 이미 자기의 마음속까지 다 꿰뚫어 미리 변명할 말까지 벌레가 먹은 가지

아난다는 스승이셨던 세존의 품이 너무너무 그립기만 했다.
세존의 다정하신 음성도 그리웠다. 한 번만이라도 다시 뵈었으면….
한 번만이라도 다시 들었으면, 단 한 번만이라도….
아난다가 처소로 돌아왔을 때에는 배신감과 억울함과
서러움은 모조리 부끄러움과 분노로 변해 버렸다.

· 독수리봉의 석굴. 붓다와 아난다, 사리불, 목건련 등이 이 석굴에 살았다.
사리불동굴이라고 전한다.

94 백천만겁인들 어찌 만나리

百千萬劫難遭遇

를 잘라 버리듯 잘라내어 버리며 소용없게 봉쇄해 버리는 마하가섭 장로의 잔혹함에 항거할 엄두가 나지 않았다.

"가라, 여우새끼여! 가서 참회하라. 여기 사자의 무리에 여우는 낄 수가 없도다."

그리고는 굴 안으로 사라져 버렸다. 아난다는 굴 아래에서 한참을 서서 움직이지 않았다. 아니 움직여지지가 않았다. 그가 사라져 버린 굴 입구를 올려다 볼 힘도 없어 그냥 그 자리에 털썩 주저앉고 말았다. 다리가 후들거려 다시 일어설 수도 없었다. 한참을 그렇게 있은 후에야 겨우 그는 일어섰다.

해가 넘어간 어두운 산길을 다 헤진 걸음으로 터벅터벅 돌아오는 그의 마음은, 마치 잔뜩 기대하여 믿고 찾아갔던 연인에게서 혹독한 배신과 경멸을 받은 후의 깊은 상처였다. 그의 발걸음은 무겁고 헤졌다. 자, 이제 어디에다 이 몸을 의탁한단 말인가? 아, 세존께서 살아 계셨더라면…. 이리도 나를 혹독하게 대하진 않으셨을 텐데…, 세존께서는….

스승이셨던 세존의 품이 너무너무 그립기만 했다. 세존의 다정하신 음성도 그리웠다. 한 번만이라도 다시 뵈었으면…. 한 번만이라도 다시 들었으면…, 단 한 번만이라도….

아난다가 처소로 돌아왔을 때에는 배신감과 억울함과 서러움은 모조리 부끄러움과 분노로 변해 버렸다. 그것은 마치 우유가 곧 신맛으로 변하는 것처럼 그렇게 신속하게 변해 버렸다. 그렇다면 이 부끄러움과 분노는

다시 무엇으로 변할 것인가? 만일 변하지 않고 그대로 남아 있다면, 이 세상은 부끄러움과 분노에 노출된 채 모든 이별이 그대로 이별로 끝나버릴 것이다. 모든 헤어짐이 원망이나 저주로 끝나는 것처럼….

이 아름다운 작은 성자, 아난다에게 일어난 변화는 그런 것을 증명하지 않았다. 그는 부끄러움과 분노의 좌변기에 주저앉아 끙끙대고 있지만 않았다. 그는 천천히 걸었다. 지독한 부끄러움과 분노는 곧 정진으로 변했다. 그것은 마치 우유의 신맛이 곧 요구르트로 변하는 것처럼 그렇게 신속하게 변해 갔다.

하나의 길다란 직선 길을 수없이 반복하여 걸었다. 밤을 새며 걸었다. 그것은 전혀 다른 하나의 세계였다. 그 세계에서 세존의 말씀들을 하나하나 떠올려 기억하며 걸었다. 처음엔 장로 마하가섭의 혹독한 내침과 수치심을 이기려 세존에 대한 그리움을 떠올려 묵상하였지만, 차츰 그것은 하나의 거대한 '뭉치의식'으로 회전하며 안의 것은 빠르게 겉의 것을 움켜쥐고 있고, 겉의 것은 천천히 안의 것을 감싼 채, 마치 돌멩이가 던져진 연못 한가운데의 소용돌이처럼, 나선을 그리며 움직였다. 그것은 던져진 돌멩이의 크기와 모양에 정확히 일치하며 돌았다. 더도 덜도 아닌 그만큼 일치했다. 형상이란 에너지의 모습이며, 에너지는 안의 의식과 정확히 일치한다. 겉과 속이 조금도 다르지 않은 불이(不二)의 형상을 움켜쥐고 있고, 또한 포태로 감싸고 있다.

허깨비라고 하여 법 밖의 물건이 아니며, 진실이라 하여 법 안에만 잠겨 있는 물건이 아니다. 거짓과 참은 오로지 깨달음이 그렇다는 것에 불과한 그림자이다. 그는 이제 천천히 소가 되새김하듯 붓다의 말씀들을 되새겨 보았다. 이제까지 다른 사람들에게만 퍼다 나르느라 미처 맛을 알아보지 못 했던 붓다의 말씀, 또한 붓다의 해조음 같은 음성의 모양에만 집착하느라 미처 알아보지 못했던 법의 감미로움을 비로소 깊숙이 맛보기 시작했다.

사념처(四念處)를 사유했다.

몸과 몸의 받는 느낌과 마음과 마음의 수용하는 법을 사유했다. 몸은 느낌을 따르고 느낌은 마음을 따르고 마음은 법을 따르고, 다시 마음이 법을 받고 느낌이 마음을 받고 몸이 느낌을 받아내는 이것은 조건과 결과의 한 줄에서 늘 오락가락 반복하는 것이다. 마치 지금 내가 이 숲속의 한 선상 위를 반복하여 오락가락 하는 것처럼.

그것은 그림자이며, 허깨비이며, 지어 감〔有爲〕이며, 이 세상이나 저 세상의 모든 중류(衆類)의 세계라는 것이다. 세계라고 하는 것은 늘 이렇게 허망한 것이며, 이것이 있으므로 저것이 있고, 이것이 없으므로 저것이 없어지는 무상(無常)함 그 자체인 것이다. 그것은 중생이 그러하기 때문에 세계도 그러한 것이 마치 저 돌멩이와 연못의 관계와 같은 것이다. 무상함은 중생의 것이지, 붓다의 것은 아니다. 이렇게 그는 허망한 것에서 진실의 문으로 진중하게 들어가고 있었다.

진실의 문을 들어가 보니, 창문마다에 죄다 밖에서 빛이 들어와 숲이 보이고, 걷는 내가 보이고, 사유하는 내가 보이고, 호흡이 보이고, 돌멩이가 보이고, 땅과 하늘이 보였다. 그렇게 허망하여 도깨비이며, 그림자이

한참 후, 아난다는 눕는 것을 버리고 마음을 조복 받는 자세인 결가부좌를 틀고 앉았다.
그리고는 '시간과 공간은 둘이 아니다, 마음과 몸은 둘이 아니다,
진실과 거짓은 둘이 아니다, 번뇌와 열반은 둘이 아니다'고 하는 불이(不二)의 법문에 머물렀다.
더 이상 양변의 어느 것에도 집착하지 않는 중도에 머물렀다.

· 산치대탑. 보리수로 부처님을 나타내고 있다.

며, 유위(有爲)라고 했던 것들이 방 안 가득 들어오고 있었다. 진실의 문은 그렇게 채워지고 있었던 것이었다.

　이렇게 그는 진실의 문에서 다시 허망한 들판으로 나왔다. 어느덧 그는 새벽까지 이러한 사념처를 깊이 사유하다가 문득 피곤하다고 생각되어 잠시 누우려고 베개를 당겨 베는 순간, 퍼뜩 벼락치는 소리가 자신의 뇌벽을 번쩍 울리는 것을 느꼈다. 그러니까 머리를 베개 바로 위에 멈추고 오른손은 땅바닥을 짚고 눈동자는 45도 각도로 비스듬히 허공을 더듬는 그런 엉거주춤한 포즈를 한 채, 순간 그대로 얼어붙은 듯한 그것이 단 한 동작도 더 용납하지 않는 것인지, 그냥 방치하는 것인지, 보는 사람으로선 알 수 없는 일이다.
　한참 후, 그는 눕는 것을 버리고 마음을 조복 받는 자세인 결가부좌를 틀고 앉았다. 그리고는 '시간과 공간은 둘이 아니다, 마음과 몸은 둘이 아니다, 진실과 거짓은 둘이 아니다, 번뇌와 열반은 둘이 아니다'고 하는 불이(不二)의 법문에 머물렀다. 더 이상 양변의 어느 것에도 집착하지 않는 중도(中道)에 머물렀다.
　장마구름 사이로 언뜻언뜻 햇빛이 청동빛살무늬처럼 한올 한올 갈라져 숲의 이곳저곳을 비추기 시작했을 때, 아난다는 자리에서 천천히 일어나 어제의 칠엽굴을 향해 다시 걸었다. 어제는 그렇게 조바심을 내며 총총 걸음으로 가던 길인데, 오늘은 한 겁을 들여서라도 아주 천천히 가도 좋다는 생각이 들었다. 그 옛날 세존께서 부다가야에서 이 마음을 얻으신 후 처음으로 녹야원으로 발걸음을 하실 때의 발걸음이 이와 같았을지 모른다. 걸으면서 그는 생각했다.

'나는 이제 여우의 몸을 버리고 사자의 몸을 얻었다. 그렇다면 나도 마땅히 아라한 비구들처럼 신족통으로 한번에 5백의 대중들이 있는 칠엽굴 속에 도달해야 하지 않을까…? 아니다. 나는 사형이 나를 내치던 그때로부터 다시 시작하는 것이 좋겠다. 그것이 우리의 예의일 것이다.'

11

칠엽굴 아래에 도달한 그는 어제의 헐떡거림이 아닌 고요한 음성으로 다시 소리쳤다.

"대덕이시여, 장로이시여, 아난다입니다. 여우의 몸을 버리고 이제 사자의 몸으로 왔으니 저를 들여보내 주십시오."

이번에는 그가 나타나지 않았다. 대신 그의 음성만 들렸다.

"문은 열려 있다. 들어오라."

아난다는 장로 마하가섭이 질러낸 목소리의 메아리가 굴 안에서 채 사라지기도 전에 문득 대중 앞에 모습을 나타냈다. 그의 반들거리는 머리에는 아직도 아침햇살이 머무르고 있는 듯 반짝였다. 맨 먼저 달려오듯 반기며 안아주는 사람은 바로 장로 마하가섭이었다. 그는 햇살이 미처 그의 파르스름한 머리에서 미끄러지기도 전에 번쩍 몸을 드러내준 아난다를 부둥켜안고, 팔손이 이파리같이 넓은 귀에 속삭이듯 말했다.

"나의 도반 아난다여, 어제의 나를 용서해주오. 나는 내 마음이 찢어져 죽는 줄 알았소. 밤새워 나는 그대를 생각하며 단 한순간도 그대 생각을 놓치지 않았소. 이제 알지 않는가? 아라한의 한마음을 어떻게 유지하는가를…."

아난다는 그런 장로 마하가섭의 속삭임을 들으며 마치 세존께서 다시 오셔서 안아주시는 것 같은 착각에 빠졌다.

'그렇구나! 누군가 안아줄 때에는 마음에 균열이 서로 없어야 하는구나. 키가 차이가 나고 숨소리가 차이가 날망정 마음이 서로 평등해야 하는구나.'

아난다도 기꺼이 팔을 벌려 마하가섭 장로를 껴안으면서 말했다.

"대덕이시여, 나의 도반이시여, 저를 기다려 주셔서 감사합니다. 세존께서 대덕을 기다려 주셨듯이 대덕께서도 저를 기다려 주셨습니다."

둘은 뜨거운 포옹을 풀고 마하가섭은 이제 막 다 채워진 5백의 대아라한들을 향하여 침묵을 요구하며 선포하듯 말했다.

"여기 5백의 큰 아라한이신 비구들이여, 이제 사자의 법을 펼칠 때가 되었습니다. 여기에는 오로지 사자만 있고 여우는 없습니다. 모든 하늘과 땅과 바다에서 우리를 표방하거나 우리를 능가하는 모임은 없습니다. 설령 대범천의 하늘이라 할지라도 여기 모인 우리들의 머리털 한 올도 움직이지 못할 것입니다. 세존의 열반으로 우리 교단은 어미를 잃은 사슴처럼 쓸쓸하고 별을 잃은 밤배처럼 두려웠지만, 이제 5백의 부서지지 않는 결속의 힘으로 세존의 가르침이 새어나가는 것을 막고, 세존의 가르침을 때가 묻은 그릇에 담는 일을 막고, 후세의 모든 교학들에게 세존의 사자후를 그대로 듣게 해주어야 합니다. 그러므로 우리의 열반은 필요하다면 영구적으로 포기해야 할지도 모릅니다.

부디 이 거룩한 모임이 헛되지 않게, 먼 후세에까지 유실되지 않고, 방임되지 않고, 첨가되지 않고, 한 우물 물이 다른 물단지에 그대로 채워지듯이 오롯이 전해지기를 바랍니다. 만일 이 법이 깨어지거나 새어나가거나 덧입혀지는 것을 방지하기 위해서라면, 나를 비롯한 여기 5백의 대아라한들은 재생에 필요한 약간의 번뇌를 남겨놓아 반열반 아닌 열반으로, 세세생생 이 사바세계에 머물면서 이 경장들을 지켜나가야 할 것입니다. 이것은 우리가 세존께로부터 받은 은혜에 비하면 아주 가볍고 짧은 순간의 약한 병(病) 같은 것입니다. 부디 여러 대덕들의 분명한 서원이 있으시기를 바랍니다.

나무 붓다! 나무 다르마! 나무 상가!"

마하가섭 대장로의 짧은, 그러나 분명한 의지의 표현을 담은 처음 말이 나가자 5백의 대아라한들은 한결같은 음성으로 합장하며 입을 열어 합송하기를,

"우리들은 세세생생 이 사바세계에 머물면서 이 경장들을 지켜나갈 것입니다.

나무 붓다! 나무 다르마! 나무 상가!"

마하가섭 장로가 다시 입을 열었다.

"아난다여, 이제 대중들이 증명해줄 '여래·응공·정변지·명행족·선서·세간해·무상사·조어장부·천인사·불세존'의 거룩한 말씀을 풀어라! 여래는 처음 어느 곳에서 누구에게 어떤 법을 말씀하셨는가?"

이에 아난다 장로가 자리에서 일어나 한가운데 높이 마련된 붓다의 법의를 깐 법좌에 앉아 눈을 지그시 감고 하나하나의 장면들을 떠올려 추억한 뒤, 그리움과 추억이 담긴 어조로, 그러나 분명한 발음을 유지하여, 온 하늘과 땅과 바다가 잠잠한 가운데 사자와 같은 음성으로 입을 열었다.

"이와 같이 내가 들었다. 그때 세존께서 녹야원에서 다섯 수행자들을 위하여 초전법륜을 굴리시니…."

이렇게 아난다 장로가 추억과 그리움이 가득 담긴 어조와 고개를 드높여 눈가에 이슬이 가득 맺힌 장엄한 모습으로 낭랑하게 외워 나가니, 5백의 대중들은 하나 같이 저절로 무릎을 꿇고 속으로 흐느꼈다. 속울음을 참는 소리가 아난다 장로가 법음을 덮지 않게 매우 조심하였지만, 결국 하나씩 둘씩 합해져 칠엽굴은 아난다 장로가 외워 나가는 붓다의 말씀과 대중들의 콧물 삼키는 소리가 섞인 흐느낌 소리가 가득 차서 넘실넘실 굴 밖으로 퍼져 나갔다. 이와 같이 꼬박 석 달을 걸려 아난다 장로가 외우고 대중이 거듭 외워 확인하는 과정을 거쳐 최초의 결집이 이루어졌다.

이로써 후세에 전하게 되어 그들의 은밀한 부촉과 호법으로 유실되지 않고, 방임되지 않고, 깨뜨려지지 않고, 첨가되지 않은 채, 지금까지

제1장 만남 103

인연있는 중생들이 보고 들으니, 이른바 경(經)과 율(律)이더라. 어질고 뜻 있는 사람들의 좌표가 되어 혹은 바로 혹은 곁으로 혹은 길게 혹은 짧게 받아들이고 배우더라.

● 이 글을 읽으신 분들께 양해를 바랍니다.

'유마와 수자타의 대화' 전부가 그렇기도 하지만, 특히 이 글은 제가 평소에 관심있게 생각되었던 존자 마하가섭 대장로의 어떤 부분을, 경전에 나와 있는 짧은 설명에 기대어 상상으로 꾸며본 것입니다. 장로 마하가섭, 두타제일로 알려진 부처님의 십대제자 중 한 분인 이분의 행적은 참으로 묘연합니다. 저는 개인적으로 늘 이분의 좌선을 흠모하여 동경하고 있습니다. 아직도 열반을 미루며 계족산이라는 인도 라자가하의 산 속 바위를 뚫고 들어가 앉아서 다음 부처님(미륵)의 출현을 기다려, 석가모니부처님의 의발(옷과 발우)을 전한다고 합니다. 장로 마하가섭 대존자는 제 마음속의 스승이시기도 합니다.

감히 이렇게 그려본 것은 스승에 대한 그리움 때문이지 경망한 탓만은 아닙니다. 부처님의 열반시와 그 후 이루어진 결집장면과, 마지막에 계족산으로 들어가신 일까지 세 부분으로 나누어 상상해 보려 했는데, 마지막 부분은 감당하지 못했습니다. 그리고 이 이야기가 경전과 다소 차이가 날지도 모릅니다. 그리고 앞의 다른 글에서도 역사적인 사실과 차이가 날 수 있다는 것을 인정합니다. 독자 제위의 이해와 관서(寬恕)를 구합니다. 경전에는 단 한 줄로 나와 있는 것을 순전히 부족한 저의 상상으로 그린 것이므로, 사실과 다른 것에 대한 허물은 제가 꾸중을 달게 받겠습니다.

— 유마 합장

3
달마대사와 혜가

찬바람, 흰 눈이 무릎 덮는 그 산 속 동굴 앞에 서서,
홀로 밤을 새웠을 때에는
이미 저 산 아래 은행창구 앞에서 가난한 신용카드 결제 날을
염려하진 않았으리라.

뚝뚝 떨어지는 뻘건 선지피가 흰 눈 위를 번질 때에는
시퍼런 단칼에 이미 떨어져 나간 왼쪽 팔이
도마 위의 생선처럼 팔딱팔딱거렸을 텐데,
외로움을 몰아오는 정든 얼굴
하나도 떠올리진 않았으리라.

"네가 내게 무엇을 원하느냐? 무엇을 바라건대

밤새 삭풍 몰아치는 흰 눈 위에서 멀쩡한 팔까지 잘라 바치느냐?"

"삭풍에 엉켜붙어 버린 어깻죽지의 핏덩어리들로 더 이상의 출혈은 없으나, 밤새 버텨 온 두 다리는 이미 얼어붙어 쓰러질리 없으나, 제 마음은 한시도 쉬지 않고 괴롭습니다. 어떤 사람은 몸이 아파 죽는 판에, 마음 하나 아픈 것에 괜스레 성한 몸 병신 만들어 가며 호들갑 떤다고 삿대질할지 모르오나, 그것은 산 아래 것들의 말.

이 산 위에선 마음이 아프면 몸을 버려서라도 마음을 구하지 않으면, 몸 얻을 때마다 도리어 마음은 늘 괴로운 채 나아지지 않을 것이니, 삼가 어지신 스님께선 저의 이 마음을 구해 주소서! 이 한 팔이 부족하다 여기시오면, 마저 한 팔을 자르겠사오며, 두 팔이 당최 부족하다 하오면, 다리 하나를 더 드릴 것이며, 그도 아니 되면 몸 전체를 드릴 것이오니, 부디 죄업으로 가득한 이 한마음 구원해 주소서!"

"산 아래 것들이라 하지 마라. 처한 곳이 비록 산 아래일지라도, 네가 마음이 괴로워 몸을 버리는 것이나, 저들이 몸이 괴로워 마음을 버리는 것이나, 도무지 다를 게 없다면, 산 아래나 산 위나 다 한가지로 처한 곳이니라. 이 형편이 저 형편과 견주어 무엇이 다르기에 산 아래 것들이라 하느냐? 대저 몸이 괴로울 때에는 의원을 찾아가 몸을 보여 괴로움을 푸는 법, 너는 나에게 와서 마음이 죄업으로 가득하여 괴롭다 하니, 죄와 마음을 몽땅 가져오너라. 내가 너를 편히 쉬게 하리라."

· 중국 숭산의 소림사

"아아! 감사하나이다. 감사하나이다. 드디어 저는 이 죄를 당신께 가져와 보일 수 있나이다. 마음은 늘 탐욕스러워 주지 않은 것을 가져와 다른 사람들의 원망을 샀으며, 억울하고 분한 것을 참지 못하여 창과 몽둥이를 들어 원망을 샀으며, 힘이 넘쳐 나서 남의 여자를 뺏어다가 어울려 살다가 남의 원망을 샀으며, 그 와중에 어쩌다가 낙엽 떨어지는 소리에 조그마한 이치를 깨닫고는, '산은 산, 물은 물' 하며 떠들었으나 비명횡사는 막지 못하였나이다. 이것이 바로 저의 마음이요 저의 죄입니다."

"나는 네게 너의 그 마음과 죄를 가져오라 했지, 너의 하소연을 듣겠다 하지 않았다. 그런데 너는 어찌 내게 하소연만 하면서, 정작 죄와 마음 둘 중에 아무것도 가져오지 않느뇨? 산아래 사람들은 몸이 괴롭고 아플 때, 의원에게 몸을 보이며 고쳐주기를 바라는데, 누가 몸 대신 하소연을 가지고 가서, 아픈 몸이 구원받기를 바라겠느냐? 거듭 말하노니, 네 그 죄와 마음을 가져오너라. 내가 너를 편히 쉬게 하리라."

"어른이시여, 저의 죄는 이 마음에 있나이다. 마치 오래된 집 마당에 흙과 빗물과 마른 잎이 쌓이고 쌓여 그 위에 공기가 가득 들어 차 있는 항아리와 같이, 저의 죄는 전부 이 마음에 쌓여 흙과 빗물과 낙엽과 그 위의 공기처럼 가득 차 있나이다."

"그렇다면 그 마음을 이리 가져오라. 내가 그 마음을 깨끗하게 하여 편히 쉬게 하리라."

"어른이시여, 이 마음은 몸과 같지 아니하여 가져와 보일 수가 없나이다. 비록 큰 어른이시라 할지라도, 와서 이 마음을 열어 취하지 못할 터인데, 하물며 어떻게 담아 와서 보이리까? 불가(不可)하고 또 불가(不可)하나이다. 이를테면 어른이시여, 저 산에 솟아오른 봉우리와, 저 계곡에 낮게 드리운 그림자와, 그 사이 사이에 눈에는 보이지 않으나 가득 메운 미진(微塵)조차 모두 한 허공에 의지하여 낮에는 생겼다가 밤에는 없어졌다가, 아침에는 분주했다가 저녁에는 차분했다가, 바람이 불면 저리 몰려갔다가 바람이 그치면 멈춘 듯하다가 하여 가히 종잡을 수 없는데, 하물며 그러한 것들을 담고 있는 허공이야 어떻게 종잡을 수 있겠나이까? 담으려 해도 허공을 담을 그릇도 없고, 설령 담을 그릇은 있다고 해도 담자마자 도로 그것은 허공일 것이온데, 어찌 허공으로 허공을 담으오리까? 불가하나이다. 불가하나이다."

"혜가여! 내가 이미 너의 마음을 구제하였으니, 편안하라. 네가 알기를 큰 힘이 있는 어른이 온다 해도 마음을 취하지 못하고, 설령 큰손이 있어 저 허공을 다 담는다 해도 도로 허공일 뿐이라고 알았으니, 하물며 그 속의 요동하는 미진과 그림자와 솟아오른 봉우리들이겠느뇨? 네 마음과 죄도 다 이와 같으니, 취(取)하려 해도 취해지지 않은 것으로 취했다느니 취하게 되었다느니 한다면 갓난아기의 걸음걸음일지라도 괴로움인 것이요, 이미 취할 수 없음을 안다면 큰 도둑이 방금 한 짐 가득 남의 살림살이를 지고 나왔을지라도 편안함이니라."

이로써,
흰 눈 속에 빨간 꽃이 피는 이치가 성립되어, 그 후 사람들마다 굳이 자기의 한 팔을 자르지 않아도 되는 큰 자비를 대행하셨다.
부처님으로부터는 제29대이시며, 인도의 외방인으로서는 처음 주춧돌이시니, 그 이름을 '혜가'라고 하셨다.

제 2 장 문답 問答

百千萬劫難遭遇

1
무아(無我)와 윤회(輪廻)

질문자: SUN(불교)
답변자: 유 마

질문... 영혼이라 하면, 보통 형상적인 모습으로 많이 생각하는데, 즉 어떤 독립적이고 객체적인 존재로 보고 있음에 비하여, 불교에서는〔영혼이라는 말을 쓰지 않고 靈識이 가까운 표현〕하나의 흐름으로 표현하는 것으로 알고 있습니다만, 제가 잘못 알고 있는 것인지요? 그리고 "자아가 있다면 윤회는 없다"라는 것에 대하여 설명해 주실 수 있는지요? 불법을 바로 알기란 저의 수준이 아직 멀고멀어서 항상 조금씩 배우려고 합니다. 성불하십시오.

답변... 안녕! sun님.
공부하신다 하니 한 말씀.

인연에 따라 일어나고 그 인연이 다하면 소멸하는 것, 그것은 바로 이 마음입니다.
이 마음에는 주인이 따로 없습니다. 그때그때 쓰는 자가 바로 그 주인입니다.
화를 내어 쓰면 화냄이 바로 그 주인이고, 자비를 내어 쓰면 자비가 바로 그 주인입니다.
쓰시는 대로 그대로가 곧 도(道)입니다.

· 산치의 대탑. 아쇼까 대왕이 세운 붓다의 사리탑이다.

공부 중에 으뜸 공부가 마음공부요, 마음공부 중에서 으뜸 공부가 무심(無心) 공부요, 무심공부 중에서 으뜸 공부가 곧 공(空) 공부일 것입니다. 세간의 학문공부는 그 다함이 있지만, 마음공부는 그 다함이 없으므로, 위로 모든 부처님과 닿아 있고, 아래로 모든 중생들과 이어져 있으니, 나는 그것들을 잇는 기둥을 일러 '출세간 공부'라 합니다. 다함이 없으므로 써도써도 모자람이 없고, 모아도 모아도 쌓이지 않는 것이니 묘한 일입니다.

영혼이라⋯.

글쎄요.

영혼이라⋯.

sun님의 질문은 '다른 종교에서는 영혼을, 어떤 개체로써 독립적이고 객관적이고 실체적으로 실존한다고 보는데 비하여, 우리 불교에서는 그것을 하나의 흐름으로 파악하고 있다'고 한다면 어떠할까 하는 문젠가요?

sun님, 제가 솔직하게 고백하자면, 저도 영혼이 있는지 없는지, 있다면 어떻게 있는지를 잘 모릅니다. 제가 일전에 수자타와의 대화에서 영혼이란 없다고 말한 것은, 실제로 제가 영혼을 알고 있어서 그런 것이 아니라, 제법(諸法)에서 영혼이라고 제외될 것이 아니기 때문에 그러한 것입니다.

일체 존재 중 그것이 존재할 만한 법을 떠나서 존재하는 것은 있을 수 없기 때문에 제법(諸法)이라 하는데, 제법은 곧 무아(無我)이기 때문에 나[我]의 영혼도 없다고 한 것입니다. 없는 것에 대하여 제가 관심을 가질 필요가 없기 때문에, 더 이상 '영혼이 이런 것이다, 저런 것이다'라고 말할 자료가 저에게 있지 않군요.

sun님께서는 이렇게 말하고 싶으신가 봅니다. "영혼이란 개별적이고 독립적이며 실체적인 존재는 없지만, 어떤 동일성이나 동질성을 가진 흐름의 주체적인 것으로서의 그 어떤 것은 있다"라고요. 하지만 불행히도 이것은 같은 말입니다. 거친 것은 제거되었으나 미세하게는 아직 남아 있다면, 그것은 똑같은 무지입니다.(인정사정 없지요!)

다만 크게 무지한 것과 작게 무지한 것은, 비록 그 쓰임이 다른 듯하나 궁극적으로는 같은 길을 가는 것입니다.(큰칼로는 굵은 것들을, 면도칼로는 가는 것들을 자른답니다. 하지만 둘 다 잘라야 할 것이 있다는 점에서는 차이가 없습니다.)

'영혼이 실제로 없다'는 것은 거친 것을 제거한 것이고, '그런 영혼은 없지만 그래도 무언가 전체적인 흐름에서는 짓고 받는 것이 있다'고 한다면, 아직 제거해야 할 작은 것입니다. 거칠고 미세한 차이는 있지만 모두 같은 견해입니다. 저는 제법이 무아이기 때문에 '영혼 같은 것이 없다'고 딱 잘라 말할 수 있었던 것이지, 영혼설에 정통하기 때문에 그랬던 것은 아닙니다.

언젠가 sun님께서 천주교인이신 마리아님과 토론하는 가운데 책상이란 개념을 가지고 실상(實相)에 대하여 토론하는 것을 보았습니다. 그래서 제가 바로 책상이란 개념을 빌려와 앞의 '대화1'에 써먹은 것을 기억하실 겁니다. 다시 그 책상이란 개념을 쓰고자 합니다.

만일, 이 책상을 허물지 않고 같은 공간에 똑같은 책상을 세우는 것이 가능하다면, 무아(無我)이므로 윤회한다는 말은 거짓일 것입니다. 그런데 이 책상을 부순 다음에야 부수어진 그 질료들을 가지고 다시 저 책상을 만든다면, 책상에는 본디 그 스스로의 고정불변하는 성품이 없다[자성이 없다. 무아(無我)이다]라고 해야 합니다(만일 이 책상을 부수지 않고, 이 책상의 질료들을 가지고 다시 저 책상을 만들어 보라면 할 수 있는 사람이 없겠죠?). 부수면 부서지고 세우면 세워지는 것이 바로 책상입니다.

부수면 부서지고 세우면 세워지는 것을 성품으로 말하면 그것은 '자성(自性)이 없다'고 할 수밖에 없지요. 이 자성이 없음으로 해서 일어나는 온갖 변화무상함이 바로 윤회입니다.

반대로 자성이 있다면 윤회하지 않습니다. '자아가 있다'면 '나[我]'란 성품이 있는 것인데, '나'라는 자성(自性)을 놔두고 따로 어떤 것이 윤회하겠습니까?(이 책상이 부서지지 않았는데 어떻게 이 책상의 질료들로 다른 책상을 만들 수 있겠습니까?) 이 경우 무엇을 얻으려고 착한 일을 하며, 무엇을 버리려고 악한 일을 그치겠습니까? 책상은 누가 와도 어떤 것으로도 영구히 부서지지 않는다. 부서지지 않으므로 그것이 바로 "(책상의 입장에서) '나'이다"라고 이렇게 말할 수 있어야, 비로소 '나'가 있다고 할 수 있는데, 과연 그렇게 말할 수 있는 사람이 있을까요?

읊조리건대, 산 그대로가 산이므로 산은 산이요, 물 그대로가 물이므로 물은 물입니다. 그 이외에 다른 법은 없습니다.

그러면 부처님이 왜 윤회를 말씀하셨느냐? 그것은 첫째도, 둘째도, 셋째도, 중생들의 근기(根機)에 따른 대기설법(對機說法)이셨습니다. 중생이 여기서 나고 저기서 죽는 것은, 중생이란 본디 자성이 없어서 그러한 것인데, 당시 사람들에게 일반적으로 알려진 윤회한다는 개념을 사용하여 그렇게 표현하여 설명하신 것뿐입니다.

만일 그들에게 여기서 나서 저기서 죽고, 다시 어느 데서 태어나는 것을 "자성이 없어 텅 비어 있는 마음(空)이 인연에 따라 일어나고 인연이 사라짐에 따라 사라진다"고 말하면, 황당하여 알아들을 사람이 몇 없으리라 여기셨기 때문에, 그들의 마음을 잠시 항복 받기 위하여, 그것을 가리켜 윤회한다고 하셨던 것이지, 본질로는 "자성이 없다(空하다)"고 말씀하시고 싶었던 것입니다. 처음에 따르게 하고 나중에 익히도록 하신 것입니다. 부처님 특유의 방편이십니다.

텅 비어 있는 그것(空)은 일체의 있고 없음을 다 수용하기 때문에, 비로소 세우면 일어나고 눕히면 사라지는 것입니다. 만일 '세우는 것이 법이다'라고 하면 '눕히는 것'을 설명하지 못하고, '눕히는 것이 법이다'라고 하면 '세우는 것'을 설명하지 못합니다. 설명하지 못하는 것을 종지(宗旨)로 삼아서는 안 되겠기에 부처님께서는 중도(中道)를 가르치신 것입니다.

이 중도를 가는 사람은 부처님 종자요, 중도를 벗어난 사람은 설령 승복을 세 겹, 네 겹으로 둘러 입고, 40년을 장좌불와하고, 일 겁을 부처님을 따른다 해도 그는 불종(佛種)이 아닌 잇찬티카(一闡提)입니다. 그러므로 sun님께서는 '무아(無我)이므로 윤회(輪廻)한다'가 더 어울리는 말이 되지 않게 주의 깊게 살피시기 바랍니다.

　인연에 따라 일어나고 그 인연이 다하면 소멸하는 것, 그것은 바로 이 마음입니다. 이 마음에는 주인이 따로 없습니다. 그때 그때 쓰는 자가 바로 그 주인입니다. 화를 내어 쓰면 화냄이 바로 그 주인이고, 자비를 내어 쓰면 자비가 바로 그 주인입니다. 맘대로 가져다 쓰십시오. 쓰시는 대로 그대로가 곧 도(道)입니다. 다만 이 마음뿐입니다.

2
병자에게 문안함

어느 날, 유마는 평소 아는 이가 뇌종양으로 입원했다는 말을 듣고, 병원으로 문병을 갔다. 환자는 머리를 깎은 것이 부끄러웠던 것일까, 연신 머리를 두 손으로 가리려 한다. 하지만 그것은 아픔 때문이었다.

의사는 물론 본인까지 이미 죽을 것임을 알고, 얼마 남지 않는 생명을 확인 받은 자의 처참한 기다림으로 두려워하고 있었다. 그러나 두려움까지 사치의 정점인지, 고통은 그런 두려움까지 여유라 하며 틈을 주지 않고 환자의 머리를 쥐어짜고 있었다.

유마는 안타까운 마음으로 환자의 머리를 열 손가락으로 꼭꼭 눌러주며 같이 땀을 흘리고 있었다. 고통이 너무 심하여 할 수 없이 진통제를 다시 투여 받고, 얼마 안 되는 그 짧은 진통의 간격 속에서 그가 물었다.

환자... 유마님, 여기 이렇게 있으면 가장 반가운 것이 바깥소식입니다. 자기가 몸담았던 회사의 일, 동료 소식, 이런 것들이 하찮게 보일지 모르지만, 저에게는 아직 살아 있다는 증거가 되는 유일한 낙입니다. 저는 얼마 지나면 죽을 것입니다. 그러므로 이때에 저는 어떻게 마음을 가져야 합니까?

유마... 죽음이란 것은 사실 하나의 공간 이동에 불과한 것인지도 모릅니다. 마치 내가 오늘 아침 출근하느라 집을 떠나와 회사에 있는 것처럼, 집을 떠나왔을 때에 집의 입장에서 보면 나는 죽은 것이나 다름없습니다. 그러다 갑자기 회사에 나타났으므로 회사의 입장에서는 탄생일 수도 있습니다. 이런 공간과 시간이라는 줄타기에서 계속적이고 반복적으로 이루어져 있는 것이 인생이라면, 그것은 틀림없이 생과 사의 반복입니다. 늙음이라고는 거기에 처음부터 없었습니다. 단지 늙음이란 이름의 공간이 거기에 있고 내가 그곳에 나타나므로, 나의 위치가 늙음에 투영되는 것뿐입니다. 병듦이란 것도 마찬가지입니다.

우리는 '나'라는 연속된 — 이어지는 개체를 늘 염두에 두기 때문에, 항상 '내가 태어나고 늙고 병들고 죽는다'고 생각하기 쉽습니다. 아마 여기에 우리의 함정이 깊이 존재하는 것 같습니다.

동그란 유리병을 만들어 거기에 개미를 집어넣으면 개미가 할 수 있는 일이라고는 별로 없습니다. 매우 희귀한 확률(개미가 사람으로 변해지는 확률)로 깨닫는다 해도, 고작 그 병 속에 갇혀 있음을 아는 일이 전부입니다. 그런데 이것은 앎은 될지언정, 그리고 깨달음의 하나의 동기는 될 수 있을

'나는 왜 생로병사에 갇혀 있는가?' 이 생각은 한마디로 사막 한가운데서
'내가 왜 이러한 신기루를 보게 되었는가?'와 같은 생각입니다.
당신이 만일 꿈에서 깨어 이를 본다면,
생로병사가 애당초 있지도 않은 것인데 있다고 우겨대는 자신이 우스워 보일 것입니다.
당신의 두려움은 '모든 것을 있다'고 보는 그것입니다.

· 녹야원. 스리랑카 사원에 있는 항마성도상.

지언정, 결코 깨달음이 아닙니다. 보통 사람들은 이를 믿음이라 하여 보물처럼 간직합니다. 내가 원죄의 울타리〔유리병〕에 갇힌 죄인임을 안다는 것이죠. 그는 이를 해결해 달라고 밖에 있는 다른 존재에게 꺼내 달라고 아우성입니다. 이를 믿음이라 합니다. 정작 그밖의 존재도 다른 더 큰 유리병 속에 자기처럼 갇혀 있음을 모른 채 말입니다. 마치 작은 방을 나오면 큰방이 있는 집, 그 집을 둘러싸고 있는 숲, 그 숲을 담고 있는 도시, 그 도시를 가지고 있는 나라, 그 나라를 부분으로 하는 지구처럼 말입니다. 그러나 이 지구조차 하나의 원자만큼이나 작은 것이 되어 버리는 우주와, 그 우주조차 다시 또 하나의 작은 분자가 되어 버리는 이 한없이 반복되는 크기의 질량 앞에선 유형적 절대란 없습니다. 그럼에도 불구하고 작은 방에서 나오는 데에는 성공했다고 한다면, 할 말은 없지만 말입니다.

    그러나 깨달음은 그런 굴레에서 스스로 확연히 벗어남을 말합니다. 자기를 겹겹이 둘러싸고 있는 것은 다름 아니라 양파 껍질 같은 겹겹이 둘러싸인 망상임을 알게 된다면, 얼마나 혁명적이고 간명한 처리이겠습니까? 만일 그 개미가 진정으로 깨달았다면, 마땅히 그 병 속을 빠져 나올 수 있어야만 합니다. 물론 그때부터는 마음의 신비한 요소를 들먹여야 합니다. 걸림이 없는 마음의 작용으로 유리병 속을 탈출하여 다시 유리병 안을 바라볼 때, 비로소 유리병 속의 삶을 조망한다고 할 수 있습니다. 즉, 우리 눈에는 그가 하는 일 모두 신비로운 기적으로 보일 것입니다. 하지만 갇혀 있는 울타리에서 자유롭게 빠져나간다는 것 자체〔깨달음 자체〕가 신비한 일인지도 모릅니다.

그러면 나는 왜 생로병사의 유리병 속에 갇혀 있을까요? 생로병사는 꿈이요 환상이요 물거품이요 이슬이요 번개일 뿐 진실한 것이 아닙니다. 아는 자는 이와 같이 말합니다. 모르는 사람은 태어남도 하나님의 뜻이요, 늙음도 하나님의 뜻이요, 병듦도 하나님의 뜻이요, 그리고 마지막 죽음까지 하나님의 뜻이라고 합니다. 그러면서 왜 하나님의 그 고귀하고 거룩한 뜻이 이렇게 우리에게는 고통스러운 생로병사인가는 잘 말하지 못합니다.

'내가 왜 이 생로병사에 갇혀 있는가?'라는 그 생각은 한마디로 사막 한가운데서 '내가 왜 이러한 신기루를 보게 되었는가?'라는 것이나 마찬가지입니다. 당신이 만일 꿈에서 깨어 이를 본다면, 생로병사가 애당초 있지도 않은 것인데 있다고 우겨대는 자신이 우스워 보일 것입니다. 당신의 두려움이 '모든 것을 있다'고 보는 것입니다.

날아오는 화살을 피하지 않으면 맞아 죽습니다. 왜냐하면 그것은 생로병사의, 다시 말해 꿈속의 법이니까, 꿈속에 있는 사람은 그 화살을 피하지 않으면 맞아 죽습니다. 아니 정확히는 맞아 죽는 꿈을 꿉니다. 그러면 그는 화살을 맞아 죽었다고 하는 것입니다. 화살을 맞아 죽었다고 그의 장례를 치르는 사람들도 꿈속의 사람들이요, 그 앞에 드러누워 죽은 연극을 하는 이도 꿈속의 '나〔我〕'입니다. 당신이 소리를 지르면서 벌떡 깨어나 그것이 꿈임을 알면 "휴?" 하고 한숨을 내쉽니다. 바로 꿈이었던 것입니다. 화살을 맞은 사람도 없었고, 따라서 죽은 사람도 장례 치르는 사람도 모두 없었습니다. 없었다고는 하지만, 깨고 나서 없어진 것이지, 꿈이었을 때는 없었던 것이 아닙니다.

그러나 이 경우는 그래도 나은 편입니다. 대부분의 사람들은 간밤의 꿈속의 일생을 깨고 나서도 거의 기억하지 못합니다. 그러면 그대로가 꿈속의 일입니다. 당신이 죽음이라고 무서워하는 것은 당신이 죽고 나서는 없는 일입니다. 그때부터는 오직 당신의 마음만이 그동안 해 왔던 습관대로 '일어났다 가라앉았다' 하며 마치 파도처럼 일렁일 것입니다. 파도는 스스로 가라앉을 수 없습니다. 파도는 결코 익사하지 않습니다. 그렇다고 없어지지도 않습니다. 당신은 당신이 꿈을 꾸고 있다는 것조차 모르고 또다시 태어나는 꿈을 꿉니다. 당신은 결코 죽지 않습니다. 누군가를 진정으로 완벽하게 죽일 수 있는 존재도 없고 방법도 없습니다. 그런 재주가 있다면 새로 아무도 다시 태어나는 이가 없을 것이지만, 보십시오 지금도 시간마다 태어나는 저 아이들을, 죽음이 아니면 아무도 탄생하지 않습니다.

당신이 만일 지금까지 어진 생각을 해 왔고, 남을 해치려는 생각을 하지 않았다면, 지금의 몸으로 그 전의 모진 생각으로 지은 죄업을 모두 갚는다 생각하십시오. 후회에 마음이 머물지 않도록 참회에 마음이 머물도록 애쓰십시오. 후회에 마음이 머문다는 것은 참회 없는 이의 교만한 마음자리입니다. 참회했다면 후회란 없어야 합니다. 마치 빚을 갚았다면 더 이상 빚 때문에 마음이 눌리지 않아야 하는 것처럼, 참회는 당신의 마음을 후회함에 머물지 않게 모든 빚을 갚아 줄 것입니다.

환자... 참회는 어떻게 해야 합니까?

유마... 당신이 지금 당신 일생을 관조해 보십시오. 어렸을 때의 일부터 차근차근 관조해 보면, 철이 없었을 때에는 철이 없었던 대로, 철이 든 후로는 철이 든 대로, 당신의 마음을 찰깍 하고 멈추게 하는 일이 있을 겁니다.

만일 그런 찰깍 하고 마음이 머문 것이 보이면, 그것에 대고 당신의 마음이 조용해질 때까지, 즉 다른 기억으로 자연스럽게 넘어갈 때까지, 눈물과 부끄러움으로 뉘우치고 사과할 것은 사과하고 위로할 것은 위로하는 모습을 하되, 반드시 부처님과 그 가르치신 법과 공동체인 승가에게 귀의하는 마음으로 하십시오. 당신 마음만으로는 잘 안 됩니다.

팥죽을 끓이는데, 팥죽 스스로 끓기만 하고 누군가가 주걱으로 잘 저어 주지 않으면 팥죽이 타 버려 그만 못 먹게 됩니다. 마찬가지로 자기 마음의 끓어오름만으로는 복받치기만 할 뿐 참회가 잘 안 되므로, 부처님의 팔을 빌려 잘 저어 주면 반드시 좋은 팥죽을 얻게 될 것입니다.

이는 또한 거꾸로 해야 좋을 것입니다. 마치 모래시계를 거꾸로 놓아야 아래로 솔솔 잘 흘러드는 것처럼, 참회하는 지금 이 시간 바로 현재부터 시작하여 천천히 기억을 역행하여 거슬러 올라가면, 어제가 되고 그제가 되고 1개월 전이 되고, 1년 전이 되고, 10년 전이 되고, 그렇게 하여 당신이 기억할 수 있는 곳까지 이르게 되면 아마 3살이나 4살 때쯤일 것입니다. 그러면 다시 올라오면서 바로 지금 이 순간까지를 반복하십시오.

이렇게 서너 번 반복하다 보면, 마음이 찰깍 하고 걸리는 곳이 점점 줄어들게 될 것입니다. 그렇게 된다면 당신은 앞으로 100년을 더 사는 것보다 더 값진 죽음을 준비한 셈입니다. 즉, 100년 더 사는 것을 부러워할 필요가 없다는 말입니다.

환자... 유마님, 후회하지 않고 참회한다고 한다면, 제가 어떻게 마음을 내야 합니까?

유마... 당신이 이와 같이 하여 마음이 찰깍 하고 걸리는 그 대상에게, 당신이 만일 부(富)를 가지게 된다면 그 부나 지식 또는 자비나 상대의 빚을 탕감할 수 있는 위치에 있다면 탕감을, 기타 여러 가지의 것을 필요에 따라 주겠노라고 하십시오. 부처님의 은혜로 바른 법을 받아 다행히 깨닫는다면, 반드시 그 대상에게 꼭 그 깨달음의 공덕을 가지고 빚을 갚겠다고 하십시오.

환자... 고맙습니다. 그렇게 하도록 노력하겠습니다. 그런데 저는 아직 계(戒)를 받은 적도 없는데, 제가 죽은 후에 어떻게 장례를 치르라고 해야 하는지요?

유마... 장례는 살아 있는 사람들이 하도록 그냥 놔두십시오. 그저 당신의 할 일만 하시면 됩니다. 그것은 바로 마음을 잘 두는 것입니다. 꼭 기억하십시오. 살아만 있고 죽지 못할까를 도리어 염려할지언정 죽어서 다시 못 살까를 염려하지 마십시오.

(이쯤 되자, 환자는 다시 머리에 극심한 고통을 느끼기 시작했는지, 두 손으로 머리를 감싸고 고통스러워했다. 의사가 들어올 때, 유마는 안타까운 마음으로 병실 문을 나오면서 "이 사바세계의 병들에서 생기는 고통이 일시에, 아주 잠시만이라도 멈추게 한다면, 부처님의 은혜로 알겠나이다!" 하고 합장을 했다.

그로부터 일주일 후, 유마는 그의 죽음을 문상하는 문상객이 되어 그의 영정 앞에서 그와 나누었던 그 마지막 대화를 떠올리며 그를 추모했다.

그는 과연 내가 말한 대로 했을까?

아니, 나는 과연 내가 말한 대로 할 수 있을까…?)

3
산상보훈(山上寶訓)

어느 날, 산사(山寺)를 찾은 유마에게 서른 살 가량의 예수를 믿는 성은 김이요 이름은 참신이라는 청년이 다가와서 물었다.

참신... 십계명의 처음에 '나 이외에 다른 신을 섬기지 말라'고 했는데, 어찌하여 그대는 다른 신을 섬기는가? 그것은 우상을 섬기는 것이므로 그대는 계명을 어겼다.

유마... 나는 '나' 이외에 다른 신을 결코 섬기지 않는다. 어찌 그 계명을 어기는 것이겠는가?

참신... 우기지 마라. 그대는 부처님이라는 돌이나 나무로 된 상을 섬기고 있지 않은가?

유마… 그러면 그대가 와서 보라. 여기 어디에 부처님의 상이 있는가? 위로는 하늘이요, 아래로는 땅이며, 앞으로는 돌산이요, 뒤로는 개울이고, 여기에는 당신과 나 둘뿐이다. 어디에 부처님상이라는 우상이 있기에 그대는 나보고 부처님상을 섬긴다 하는가?

참신… 저기 법당 안에 있는 것은 부처님상이 아니고 무엇인가?

유마… 법(法)이란 마음이며 당(堂)이란 집[자리]인데, 내 마음 집[자리] 어디에 부처님상이 있다는 말인가? 그대는 남의 마음이라도 꿰뚫어 보는 재주라도 가졌는가?

참신… 그대는 나를 희롱하지 마라. 눈으로 보면 보이는 것을 어찌 딴 소리를 하는 겐가?

유마… 그대는 나를 까닭 없이 핍박하지 마라. 그대의 눈에는 보일지라도 내 눈에는 안 보인다면 어찌 하겠는가? 내 눈에는 우상이라고는 여기 그대의 우상이라는 생각만 보일 뿐, 따로 어디에 우상이 있는가? 저 돌부처가, 쇠 부처가 우상인가? 저 탱화의 그림들이 우상인가? 아니면 왔다갔다하는 스님들이 우상인가?

참신… 그렇다 바로 맞추었다. 저기 보이는 돌부처·쇠부처, 온갖 귀신 형상들을 고루 갖춘 탱화 그림들이 다 우상이다. 그러므로 그것들 앞에다 대고 머리를 조아리고 무릎을 꿇는 움직이는 것들도 다 우상 숭배자들이다. 어찌 피할 수 있으랴!

　　유마... 그대는 와서 보라. 만져 보라. 우상이란 어리석음이 있다는 뜻이니, 이 돌부처·쇠부처·탱화들에게 어리석음이 있는가 없는가? 어리석음이 있다면 깨달음도 있다는 뜻이니, 마치 불씨가 있다면 불을 환히 댕길 수도 있다는 것과 같다. 그대는 무슨 재주로 이 무정한 것들에게 어리석음이 있다고 하여 깨달음의 혼을 덮어씌우려 하는가? 불상과 탱화에게는 숨[호흡]이 없다. 숨이 없는 그것이 어리석음이라는 뜻인들 있겠는가? 지금 다만 그대가 가지고 있는 어리석음이라는 혼을 저기 불상·탱화에다가 집어넣으며, 굳이 우상을 만들어내는 것이 아니던가?

　　참신... 나는 그대에게 따지고 비난하러 온 것이지, 그대의 해괴한 설명을 들으러 온 것이 아니다.

　　유마... 나는 그대의 어리석음을 따지고 비난하는 것뿐이지, 그대에게 지혜를 바라는 것이 아니다.

　　참신... 그렇다면 왜 너희는 그런 곳에 엎드려 빌며 구하고 바라느냐?

유마... 그렇다면 그대는 왜 우상도 아닌 것에 우상이라 주장하느냐?

참신... 돌로 만든 것은 모양이 어떠하든지간에 돌이다. 쇠로 만든 것은 모양이 어떠하든지간에 쇠이다. 마치 물단지를 흙으로 만들었다면 모양이 어떠하든지간에 흙인 것처럼. 돌과 쇠와 흙 등이 무슨 죄를 구(救)하고 복을 내리겠는가?

유마... 돌로 만든 것에는 뜻(意情)이 없다. 쇠로 만든 것에도 뜻이 없다. 어리석음은 뜻이다. 현명함도 뜻이다. 마치 아둔한 아이가 있고 총명한 아이가 있지만, 두 아이 다 뜻이 있는 사람인 것처럼. 누가 만일 저 무정물(無情物)에 어리석음이 있다고 한다면, 그는 저 어리석은 불상이나 탱화가 언젠가는 깨달음을 얻을 것이라고 말하는 자이다. 마치 어리석은 중생이 부처를 이루는 것처럼. 그렇다면 누가 우상 숭배자이겠는가? 어리석음이 있다고 하는 자인가, 아니면 어리석음이 있다 없다 시비를 내지 않는 자인가? 텅 빈 방 속에 귀신이 있다고 무서워한다면, 그가 바로 우상 숭배자이다. 그 사람은 누구인가? 그 사람은 내가 아니고 지금 바로 그대이다. 어리석기 짝이 없는 모양(偶像)을 만드는 것은 어리석음을 가진 이들의 소행이지 지혜 있는 자의 관여하는 바가 아니다. 나에게 없는 것은 남에게 줄 수가(바칠 수가) 없고 나에게 있는 것만을 남에게 줄 수가(바칠 수가) 있다. 마찬가지로 지금 그대가 저 무정물에다가 부득불 우겨가며

그대는 와서 보라. 만져 보라. 우상이란 어리석음이 있다는 뜻이니,
이 돌부처·쇠부처·탱화들에 어리석음이 있는가 없는가?
그대는 무슨 이유로 이 무정한 것들에게 어리석음이 있다고 하여
깨달음의 혼을 덮어씌우려 하는가? 불상과 탱화에게는 숨[호흡]이 없다.
숨이 없는 그것이 어리석음이라는 뜻인들 있겠는가?

· 인도 보드가야 대탑의 부처님.

어리석음을 바치고 있는 것일지언정, 그것은 내가 아니다. 나에게는 돌이나 쇳덩어리에게 갖다 바칠 그러한 어리석음이 없다.

참신... 자꾸만 해괴한 궤변을 늘어놓지 마라. 누가 뭐래도 우상은 우상이요 진리는 진리이다.

유마... 그대가 최후에 하는 말은 이렇게 자기고집에 불과한 것뿐인 줄 내 일찍부터 알았던 바이다. 지금 여기엔 그대의 어리석음을 부여잡은 그대의 마음말고는 어리석은 물건(우상)이란 따로 없다.

참신... 그렇다면 말하라. 왜 저 돌덩어리 쇳덩어리에다 대고 감 나와라 배 나와라 하는가?

유마... 그렇다면 그대가 말해 보라. 왜 남의 집에 와서 배가 없다 감이 없다 하는가?

참신... 남의 집이라고는 하지만 늘 내가 오가는 곳에 있으니 보기에 역겨워 하는 소리이다. 또한 땅 끝까지 복음을 전파해야 한다는 것은 우리들의 숭고한 의무이기도 하다.

유마... 그렇다면 그대는 더 수행하고, 어디를 다니든 쉬지 말고 부지런히 다녀야 할 것이다. 왜냐하면 이 세상은 자기 뜻에 거슬리는 것이 자기 뜻에 맞는 것보다 더 많으니까. 그때마다 그대는 시시비비를 다 가릴 작정인가? 또한 나는 그대를 초청한 바가 없다. 어찌하여 내 집에까지 그대의 땅 끝까지란 말인가? 초청하지도 않았는데 땅 끝까지라 하여 무턱대고 들어간다면, 그것은 침략이 될 것이다. 그대는 침략자가 되어야만 하는 '숭고한 의무'를 이행하고자 한단 말인가?

참신... 그대의 궤변을 더 들을 시간이 없다. 그대는 아직 왜 저 돌덩어리에다 절을 해대는지를 말하지 않았다. 이는 필시 어려움이 있기 때문이 아닌가?

유마... 나는 이미 다 말하였다. 그대가 귀가 없어 듣지를 못하고 눈이 없어 보지를 못하였을 뿐이다. 이 어찌 내 탓이겠는가? 아! 성인이 다시 온다 해도 저 어리석음은 어찌할 수가 없을 것이로다.

4
경율론(經律論)

　귤나무 그림자가 드리워진 조그만 창문이 하나 외눈박이처럼 나 있다. 아직 때지 않은 방 안 벽난로는 때아닌 때 절대 문을 열지 않으리라 결심한 처녀의 정조처럼 꽉 채워져 있고, 창 아래 언덕배기 귤밭에는 어느새 귤들이 노랗게 익어가고 있다. 초가을 햇살이 길면 그림자도 길어지는데 그 긴 그림자 앞의 나그네는 방석을 깔고 앉아 두던 바둑을 마무리하며 주인에게 물었다.

　客... 주인장께선 어찌하여 불법을 경율론(經律論)으로 살피지 아니하고, 오히려 티끌 같은 몸이나 아지랑이 같은 마음으로만 살피십니까?

　主... 나는 그대의 말과 같이 경율론으로 살핍니다.

客... 하지만 저는 주인장에게서 한번도 금강경이나 반야경이나 아미타경이나 능엄경이나 능가경이나 법구경이나 아함경이나 보살계경이나 기신론이나 대지도론이나 중론따위를 들어 찬탄하거나 권하거나 인용하는 것을 보지 못한 것 같습니다만.

主... 그것은 당신이 잘 몰라서 하는 말씀입니다. 나는 언제나 금강경을 찬탄하고 반야경을 인용하며 아미타경을 권하고 기타의 여러 경권과 율장과 논장에 의거합니다.

대저 경이란 부처님 마음이고, 율이란 부처님의 몸이며, 논이란 이러한 부처님의 몸과 마음을 쪼갤 것은 쪼개고 합칠 것은 합쳐서, 닫힌 것은 열고, 숨겨진 것은 나타내고, 묻혀 있는 것은 깨닫게 하고, 미처 들어가지 못한 것은 들어가게 하는 것입니다. 여기에서 제가 더할 것도 덜할 것도 없습니다.

이를테면, 나그네시여, 금강이란 모든 물질 중에서 다른 것에 의해서는 부서지지 않는 것이고, 스스로에 대하여도 무너지지 않는 것을 일러 금강이라 하는데, 금강경은 그러므로 부처님의 부서지지 않는 마음이며 무너지지 않는 마음을 일러 금강경이라 합니다.

客... 그렇다면 어찌하여 부서지지 않고 무너지지 않는다고 할까요?

主... 밖으로 모든 유위(有爲)법을 들어 이 금강의 마음을 상대할 때에 삼천대천세계의 모든 것을 합쳐서 상대한다 하더라도, 그것은 오히려 생멸일 뿐이므로, 이 금강의 마음은 부술 수 없으며, 안으로 한 생각도 생멸함이 없으니 무엇이 무너지거나 말거나 할 것조차 없기 때문에 이름을 금강이라 합니다.

부처님의 마음은 바로 그런 것입니다. 그런 부처님의 마음을 누가 만일 믿고 따르고 공부하고 설한다면, 그이가 바로 금강경을 찬탄하고 권하고 설하고 인용하는 이입니다. 금강경에 이르기를,

"수보리야, 만일 어떤 사람이 한량없는 아승지세계에 가득한 칠보를 가지고 널리 보시했더라도, 만약 보살심을 일으킨 선남자 선녀인이 있어, 이 경을 지니고 내지 네 글귀라도 받아 지니고 읽고 외워서 다른 이를 위해 연설해 준다면, 그 복이 저 복보다 더욱 뛰어나리라. 어떻게 하는 것이 남을 위해 연설하는 것인가. 생각과 현상에 이끌리지 말고 여여하여 움직이지 않는 것이니라"고 하셨으니, 이것이 바로 이런 뜻을 말씀하신 것입니다.

그러니 누가 만일 이러한 금강경을 아침저녁으로 읽으며 절하며 보물처럼 다루는 것은 그 책이 보물이어서가 아니라, 그 경 속에 녹아있는 부처님의 마음이 보물이므로 그리 하는 것이지, 그렇지 아니하고 금강경을 대하여 상(相)을 일으킨다면, 그는 부처님 마음을 보고도 그냥 지나치는 잇찬티카(一闡提)입니다.

금강경은 읽는 것도 아니요(그러므로 읽어서 될 일도 아니요),
금강경은 얻는 것도 아니요(그러므로 얻어서 될 일도 아니요),
금강경은 예배하는 것도 아니니(그러므로 예배해서도 될 일이 아니니),

기타의 모든 경권들도 다 마찬가지입니다.

만두를 먹을 때에 만두 속만 빼 먹는 사람은 너무 약아 어리석은 사람입니다. 이 사람은 만두피를 모릅니다. 그는 말꼬리나 잡고 늘어지는 논쟁자입니다. 땅콩을 먹을 때에 땅콩깍지까지 함께 먹는 사람은 어리석은 사람입니다. 이 사람은 너무 둔하여 어리석은 사람입니다. 그는 먹지 않아도 될 것까지 함께 먹는 어리석음으로 인해 해를 입을 것입니다. 그는 금강경주의자입니다.

나그네시여, 내가 언제나 마음을 가지고 마음을 말하는 것은 바로 불법에 귀의하고 불법을 말하고 불법을 권하고 불법을 찬탄한다는 것을 아십시오. 그것은 마치 땅콩에서 깍지를 제하고 땅콩을 먹는 것과 같으며, 거기에 더러 몸을 곁들이는 것은 실로 만두속을 만두피에 담는 것과 같은 것입니다.

5
색즉시공 공즉시색(色卽是空 空卽是色)

 귤나무 하나가 다 차지한 뒤뜰 쪽으로 창호지를 바른 창문 하나가 외눈박이로 나 있는 창가에 나그네와 주인이 마주하여 앉았다. 멀지 않은 곳에 일곱 살 난 여자아이가 주저앉아 소변 보다 생긴 것 같은 작은 폭포에서는 마지막 물줄기가 막 계절을 타고 가느다랗게 흘러내리는 소리가 들려오고, 작은 방 안에서는 이제 막 흘러 넣은 찻잔 속의 김이 어느 맑은 영혼이 승천하듯 모락모락 일어나 가는 허리를 흐느적거리며 곧바로 허공으로 올라가 삼천대천세계의 꼭대기에 이를 때쯤 나그네는 물었다.

 客... '색즉시공 공즉시색'이라고들 합니다만, 색(色)과 공(空)은 무엇입니까?

 主... 색과 공은 밖으로는 세계를 말하고, 안으로는 몸과 마음을 말합니다.

客… 세계는 시간과 공간의 조합으로 이루어졌고, 몸과 마음 역시 시간과 공간으로 조합된 것에서는 같이 말할 수 있겠습니다. 하지만, 세계는 무정물이고 몸과 마음은 유정물인데, 어떻게 같다고 말할 수 있겠습니까? 이는 거울에 사물이 비쳤다고 해서 거울과 사물을 같이 보는 것이 아닙니까?

主… 거울에 사물이 비칠 때 거울이 당신을 비치는 것인지, 당신이 거울을 보는 것인지, 누가 그것을 증명해줍니까? 또한 거울을 보지 않는다 하더라도, 세계라는 거울에 당신이 비치는 것인지, 당신이라는 거울에 세계가 나타난 것인지, 누가 압니까? 또한 거울은 사물이 자기 앞에 나타날 때에만 비치지마는, 허공은 모든 사물이 한 치도 피할 수가 없는데, 그러면 허공이 주(主)입니까 사물이 주(主)입니까?

마음에는 한 생각도 속일 수가 없습니다. 그와 같이 허공에는 한 티끌도 속일 수가 없습니다. 그러므로 색과 공은 서로 즉(卽)하다고 하는 것입니다. 어느 것을 주(主)로 삼을 수가 없어서 하는 말입니다. 밖으로 세계는 물질과 허공으로 덮여 있습니다. 안으로 나(我)는 몸과 마음으로 둘러싸여 있습니다. 몸은 색이고 마음은 공이며, 물질은 색이고 허공은 공입니다.

다시 몸 자체도 잘 살펴보면, 여러 물질의 집합으로 이루어진 것인데, 이른바 크게 말하자면 지수화풍(地水火風)입니다. 그러나 이 각각의 지수화풍 역시 인연으로 이루어진 색에 불과합니다. 인연이라고 하는 것은, 왜냐하면 시간과 공간의 만남에 지나지 않으므로, 이 시간과 저 공간이 만나 이 만남을 이루었다가 그것은 다시 저 시간과 이 공간이 만나 저 만남이 되는 까닭에 인연이라 하는 것입니다.

그렇지 않다면 한번 만남은 영원한 만남이어야 하는데, 영원한 만남은 이름이 따로 고정되어야 하고, 이름이 따로 고정되어야 한다면, 누가 만일 아! 하고 소리친다면 그 아! 소리는 없어지지 말아야 합니다. 어디 그뿐이겠습니까? 그 아! 소리는 누가 아! 하고 소리를 만들기 전에도 아! 하는 소리가 있어야 합니다. 그러나 이러한 일은 결코 있을 수 없습니다. 그러므로 공이라 한 것이고, 공한 까닭에 생긴 만남을 인연이라 하는 것입니다.

아침에 내가 고요해졌다가 시장에 나가 여러 사람들과 만나 번잡해지는 것은 먼저 내 생각이나 의지와의 만남이 선행되고서야 이루어지는 바깥일들입니다. 내가 무엇을 만지는 것은 만지자고 하는 나의 생각을 먼저 만나고야 이루어진다 이 말씀입니다. 만일 나의 생각이 만지고자 하는 것을 떠나 있으면 만진다는 인연은 생기지 않습니다. 이 만지고자 하는 한 생각은 처음부터 생긴 것(창조된 것)도 아니요, 저절로 생긴 것도 아닙니다. 다만 인연따라 생기고 인연따라 소멸할 따름입니다. 그러므로 생각이 나오는 그 자리는 늘 공하다고 하는 것입니다. 공한 까닭에 비로소 한 생각이 나오고, 그 한 생각에 비롯하여 행주좌와(行住坐臥)를 하며, 행주좌와에 따라 몸의 모양이 다르며, 몸의 모양이 다름에 따라 받는 과보가 다 다

모든 것은 인연따라 생기고 인연따라 소멸합니다.
그러므로 생각이 나오는 그 자리는 늘 공한 것입니다.
공한 까닭에 비로소 한 생각이 나오고, 그 한 생각에 비롯하여 행주좌와를 하며,
행주좌와에 따라 몸의 모양이 다르며, 몸의 모양이 다름에 따라 받는 과보가 다 다른 것입니다.
색은 바로 한 생각을 말하고, 공은 그 한 생각이 나오는 바로 그 자리를 말하는 것입니다.

· 부처님이 깨달음을 이룬 깨침의 땅 보드가야 대탑.

른 것입니다. 그러므로 색은 즉 공한 것이고 공은 즉 색인 것입니다.

　색은 바로 한 생각을 말하고, 공은 그 한 생각이 나오는 바로 그 자리를 말하는 것입니다. 바깥물질만을 들어 하는 말이 아닙니다. 바로 내 한 생각을 들어 하는 말이기도 합니다. 잘 살펴야 할 것입니다. 이 한 생각을, 그것은 필경 공이며, 공한 것은 필경 한 생각입니다.

6
이 몸이 즉 불신이고 이 마음이 즉 불심

客... 믿음이란 무엇입니까?

主... 믿음이란 가치의 총체입니다.

客... 무슨 뜻입니까?

主... 몸이라는 뜻입니다.

客... 좀 더 말씀해 주십시오.

主... 우리들의 이 몸은 내가 지닌 가치의 총체입니다. 왜 내가 저 몸이 아니고 이 몸일까 하는 것은 몸이 내가 품었던 가치의 총체를 나타낸 것이기 때문입니다. 어떤 사람은 잘 생겼고 어떤 사람은 못 생겼고, 어떤 사람은 온전하고 어떤 사람은 불구인 것은 순전히 인과에 따른 것으로, 인과란 스스로 짓고 스스로 받는 것을 말하는 것입니다.

客... 무엇이 짓고 무엇이 받는다고 하는 것입니까?

主... 바로 마음이 짓고 마음이 받는다고 하는 것입니다. 그러므로 몸은 마음이 지닌 가치의 총화입니다. 그 몸을 보면, 최소한 대충 그이의 과거 인(因)을 알 수가 있습니다. 과거의 인(因)을 알면 또한 대충 그이의 현재의 보(報)를 이해할 수가 있고, 현재의 보(報)는 곧 그이의 장차의 인과를 알게 합니다.

사람들은 조금도 자기의 몸을 의심하지 않고 가고 오고 앉고 눕고 합니다. 믿음이라는 물건을 들먹거릴 필요조차 없이 그렇게 합니다. 누가 가는 데 있어서 먼저 믿음을 일으키고 자기 몸을 움직이겠습니까? 누가 앉는 데 있어서 먼저 의심을 하고 믿음을 일으킨 다음에야 앉겠습니까? 자기 몸을 의심하고 의심을 깨치기 위하여 (자기 몸에 대하여)믿음을 일으킨다고 하는 것은 있을 수가 없습니다. 가치의 총화 또는 총체로서의 몸이기 때문에 이보다 더 중한 가치를 알지 못합니다. 만일 선택의 여지가 있다면 항상 몸을 택합니다.

客... 그렇지만 몸은 눈에 보이는 것입니다. 믿음을 거기에다가 대입

시키는 것은 좀 이상하게 들립니다.

　　主... 그렇지 않습니다. 당신이 소위 말하는 믿음은 종교적인 개념을 의식한다는 것을 알고 있습니다. 그것은 보이지 않는 것에 대한 소망, 바람, 기원, 의욕 따위일 것입니다. 이러한 내면적인 의사는 마침내는 외형적으로 그렇게 움직이도록(살도록) 몸을 조종하게 마련입니다. 그렇다면 방금 제가 말한 '몸은 가치의 총화'라는 명제가 틀린 말이 아니라는 것을 알 수가 있습니다. 또한 이 몸은 태어나면서 지금까지 한번도 고정되어 있는 것이 아닙니다. 순간순간 생주이멸(生住異滅)하며 변하는 것입니다. 시간이 그렇게 만드는 것인지 몸이 시간을 만드는 것인지 알 수는 없지만, 아무튼 들여다보면 끊임없이 생멸하는 것은 마음이나 몸이 서로가 서로를 잘 따른다는 것을 알 것입니다. 그것은 왜냐하면 그 사람의 가치가 항상 유동적으로 움직이기 때문에 그렇습니다. 몸의 상은 그에 따라 변하는 것입니다.

　　客... 그렇다면 몸이 곧 믿음이겠습니다?

　　主... 아닙니다. 그런 말은 아닙니다. 당신은 어떻게 생각합니까? 여기 우리가 앉아 있는 이 귤밭 저쪽에는 자그마한 폭포가 있습니다. 저 폭포에 고인 '물'이 폭포입니까?

客... 그것은 아닙니다. '물'은 다만 폭포의 모양에 따라 떨어져 고여있을 뿐입니다.

主... 그와 같이 '마음'이라는 폭포에 '몸'이라는 물이 고였을 뿐입니다.

客... 그렇지만, 만일 믿음이 가치의 총화이고 몸이 그것을 나타내는 그림자 같은 것이라면, 믿음으로 저 하늘나라에 간다고 하는 것은 그림자가 없어지고 나서 그림자가 하늘나라에 비친다고 하는 것이니 말이 좀 헷갈립니다만?

主... 그림자가 없어진다고 하지만(죽는다고 하지만), 가치가 없어지는 것이 아닙니다. 그림자가 없어지는 것은 색법(色法)이지 가치를 끊임없이 생성하는 심법은 아닙니다. 색은 곧 공을 말하고 공은 곧 색을 말한다고 하는 것은 바로 이런 뜻입니다. 여기 거울이 있다고 합시다. 거울 속에 형상이 비친다고 거울이 형상을 가지는 것도 아니고 그렇다고 형상이 비춤을 가지는 것도 아닙니다. 둘 다 인연을 갖추어야만 나타나고 사라집니다. 이와 같이 공과 색은 도깨비놀음입니다. 만일 색이 도깨비라면 공 역시 허깨비일 것입니다.

客... 그러면 도깨비도 아니고 허깨비도 아닌 법이 있을 것 같습니다만?

　　主... 도깨비도 아니고 허깨비도 아닌 것은, 이것은 도깨비이고 저것은 허깨비이다 라고 깨닫는 그것입니다.

　　客... 그것이 무엇입니까?

　　主... 그것은 중도(中道)입니다.

　　客... 무엇이라 이름합니까?

　　主... 불(佛)이라 이름합니다.

　　客... 다른 이름은 없습니까?

　　主... 다른 이름으로는 중생(衆生)이라 합니다.

7
불교가 염세적?

客... 유마님, 불교의 모든 가르침을 따라 가다 보면 결국 죽음이라는 최종적인 문제와 맞닥뜨리게 되는데, 살아있는 사람들에게 너무 죽음만을 강조하는 것은 자칫 허무주의적이지 않을까요?

유마... 그렇지 않습니다. 죽음을 회색으로 덧칠하기 때문에 그렇습니다. 인생은 크게 네 가지입니다. 생·노·병·사(生老病死)가 그것이지요. 아무도 이 범주에서 벗어나지 않습니다. 사실 이 네 가지 범주인 생로병사는 각각 그 경계가 분명합니다만, 그 경계점은 미세하여 잘 알아보지 못하고, 현상은 거칠어 너무 민감하기 쉬운 까닭에 미세함과 거침 사이에서 약간 겉돌고 있을 뿐입니다.

그것은 마치 계절과 같습니다. 봄·여름·가을·겨울이 각각 그 특징이 분명합니다만, 겨울과 봄의 경계선은 이것은 겨울이고 이것은 봄이다

라고 아무도 딱 끄집어내지 못합니다. 봄과 여름, 여름과 가을도 마찬가지입니다. 다만 한겨울에 들어서야 비로소 '아, 겨울이다' 하고 느끼고, 봄이 한창 되어서야 '이것은 봄이다' 하고 확인할 수 있습니다. 그 사이사이 경계선은 너무나 미세하여 봄날인지 겨울날인지 잘 분간이 서질 않습니다.

생로병사도 마찬가지입니다. 각각이 서로 다른 것은 분명하지만, 그것들의 연결선상은 언제나 미그적미그적하여 내가 태어나서 지금 늙어가고 있는 것은 분명하지만, 어느 날 갑자기 확 늙어지는 것도 아니요, 내가 병이 들어가는 것도 분명하지만, 어느 날 갑자기 확 병이 드는 것도 아니요, 내가 죽어가는 것도 확실하지만, 어느 날 갑자기 확 죽는 것도 아니기 때문에 그것들을 분명하게 감지해 낼 수가 없는 것입니다.

또한 이 중에서도 미세하고 거친 것이 있어서 생(生)은 조금 거칠고 사(死)는 몹시 거칠고 노(老)는 미세하며 병(病)은 조금 미세합니다. 그래서 태어날 때의 고통이 만만치 않으므로 우는 것이고, 죽을 때의 공포가 극심하여 다른 모든 분야를 압도하여 버립니다. 늙음은 아주 미세하여 내가 매일 거울을 보지만 알아차리기 힘들며, 병이 드는 것은 조금 후엔 다 알게 됩니다.

불교가 죽음이라는 제일 거친 부분을 중요하게 생각하는 것은 그것이 다른 세 가지 것을 압도하기 때문입니다. 이를테면 전쟁터에 나가면 먼저 적장을 베어 쓰러뜨리는 것이 관건인 것처럼, 인생에서 죽음을 조복받아 놓으면 더 이상 겁낼 것이 없기 때문에 항상 이 죽음을 모든 싸움의 최후 전장으로 삼는 것입니다. 그 나머지 생과 노와 병은 다 이 죽음을 이기

불교가 생로병사 가운데 죽음을 중요하게 생각하는 것은
이것이 다른 세 가지를 압도하기 때문입니다.
이를테면 전쟁터에 나가면 먼저 적장을 베어 쓰러뜨리는 것이 관건인 것처럼,
인생에서 죽음을 조복받으면 더 이상 두려울 것이 없기 때문에
항상 이 죽음을 모든 싸움의 최후 전장으로 삼는 것입니다.
그 나머지 생과 노와 병은 다 이 죽음을 이기기 위한 연습장일 뿐입니다.

· 보드가야 수자타 공양탑.

기 위한 연습장일 뿐입니다.

　　그런데 사람들은 이것을 모르고 연습장을 갖다가 아주 살림집을 만들어 살기 때문에, 나중에 죽음이 닥칠 때에는 그 살림집에 항구적으로 마련해 두고 즐기려 했던 '재산이 없어진다,' '섹스가 없어진다,' '명예가 없어진다' 등등 발악을 하다가, 그 발악하는 인연으로 덜컥 몸을 받으면 이른바 삼악도(三惡道)라 하는, 고(苦)는 예민하지만 도(道)는 무딘 곳에 태어나게 되면, 그야말로 언제 빠져 나올지 알 수가 없는 삶을 반복하게 되는 것입니다.

　　客... 그렇다면 다른 종교, 특히 기독교(천주교, 개신교 등등)에서는 이 죽음을 이기는 것이 부활이라고 하여 종교의 중심테마로 삼고 있는데, 무슨 흠이 있겠습니까?

　　유마... 부활이라고 하는 것은 죽은 다음의 일입니다. 우리 불교에서 말하는 죽음은 죽는 그 한순간의 일을 말합니다. 죽고 나서의 일을 상관하는 것이 아닙니다. 이미 죽고 나서의 새로운 삶의 어떤 형태나 형질은 전적으로 죽을 때, 그 한순간 그의 성(性)질(質)에 달려 있습니다.

　　항아리의 크기와 질은 진흙의 양과 성질에 의존하는 것처럼, 이 성질이 질료(質料)가 되어 다음 삶을 결정하는 것은 매우 뻔한 일이기에, 죽음이라는 그 거친 파도가 덮쳐 올 때 그의 한 생각 한 성품은 과연 어디에 두어야 하는지는 매우 중요합니다. 우리가 믿음, 또는 수행을 늘 강조하는 것은 바로 이때의 일을 염두에 둔 것임을 알아야 합니다. 부활에 자기의 소망을 두는 것은 나무랄 수는 없는 일입니다.

하지만 먼저 나는 잘 죽을 수 있는가. 즉, 부활에 합당한 질적인 죽음을 할 수 있는가, 이것은 다시 죽는 그 한순간에 마음이 미(迷)하여 캄캄한 미혹에 빠지지 않는가, 이것은 다시 내가 평소에 마음이 미(迷)하지는 않는가. 이것은 다시 설혹 내가 평소 깨어 있을 때에는 미(迷)하지 않는다 하더라도 잠을 자거나, 화를 내거나, 섹스를 하거나, 재물을 모을 때에는 미(迷)하지 않는가, 하는 것으로 스스로 점검할 수 있는 일입니다. 굳이 하나님이나 부처님에게까지 가지고 가보일 필요도 없습니다. 미(迷)하다는 것은 깨닫지 못하고 있다는 것입니다.

이러고 보면 불교가 죽음을 늘 면전에 두고 있는 것은 인생을 회의적이거나 염세적이거나 패배주의적인 관점에서가 아니라, 바른 관찰〔正見〕의 관점에서 주시하고 있다는 것을 알게 될 것입니다. 바로 미혹에 빠지지 않는다는 것입니다. 천당·지옥, 영생불사·부활이 중요한 것이 아니라, 그런 것에 미혹되어 있는 그것을 모른다는 것이 중요한 문제입니다.

우리는 이미 생(生)과 노(老)에는 충분히 노출되어 있습니다. 이제 남은 것은 병(病)과 사(死)입니다. 당신은 어떻게 하시겠습니까? 아직도 그것을 살림집으로 만들고 있습니까? 당신의 선택입니다. 누구도 나무랄 일은 아닙니다.

8
나[我]란 우물과 세계란 우물

문... 사람입니까?

답... 사람이다.

문... 무엇이 사람입니까?

답... 몸과 마음이 사람이다.

문... 몸이란 무엇입니까?

답... 몸이란 무상(無常)한 것이다.

문… 마음이란 무엇입니까?

답… 마음이란 무상(無常)함을 깨닫는 것이다.

문… 무슨 의미가 있습니까?

답… 본래 '나(我)'란 없다는 의미이다.

문… '나'가 없다는 것은 '나'가 있다는 것과 무슨 차이가 있습니까?

답… '나'에는 '나의 것'으로 인한 번뇌가 있고, '나 없음'에는 '나의 것'으로 인한 번뇌가 없다.

문… '이것은 나의 것이다' 하지 않으면 무엇으로 이것과 저것을 분별하며, 이것과 저것을 분별하지 않으면 무엇으로 삶을 영위하며, 삶이 없다면 누가 깨닫습니까?

답… '이것은 나의 것이다'라고 하면 '나의 것이 변한다, 나의 것이 사라진다, 나의 것이 떠난다' 하는 번뇌로, '이것은 즐겁고 저것은 껄끄럽다'고 취착(取着)하는 분별에 빠지고, 취착하는 분별에 하루 종일 빠져

숨을 쉬는 것을 삶이라고 즐긴다면 그는 중생이고, 이러한 삶을 깨닫는다면 그는 보살이다.

하늘과 땅이 본디 한 세계 안에 있지만, 각기 깨달음이 다르므로 하늘과 땅에 들어 사는 중생이 다르고, 그러나 중생이 다르다 하지만, 생로병사는 다르지 아니하다. 생로병사가 다르지 아니하므로 위로 하늘이나 아래로 땅이나 땅 아래 물속이나, 물 아래 지옥이라 할지라도 다 같이 한 중생이라 한다.

보살은 이것을 깨달으므로 보살이라 한다. 그러므로 보살은 삼천대천세계의 모든 하늘[천당]과 땅을 한 우물로 보며, 한 우물로 보므로 생로병사를 한 조롱박의 물과 같이 보며, 한 조롱박의 물과 같이 보므로 몸을 떠나되 우물가에서 만난 여인을 떠나는 것처럼 떠나며, 마음을 떠나되 마시고 난 물이 땅 아래로 스며들듯 떠나느니라.

그대여,
이 나[我]란 바로 그런 것이고, 이 세계란 바로 그런 것이다.
이렇게 알고 이렇게 보는 이, 그가 바로 장부(丈夫)이며, 그가 바로 보살이다.
알고 보면 한 조롱박의 물에 코뿔 빠져 죽는 것을…….

9
범아일여(梵我一如)와 제법무아(諸法無我)

질문자: 호랑이 [개신교]

답변자: 유 마

질문... 유마님, 가끔 이 사이트로 들어와 유마님의 글을 읽어보기도 했습니다. 저는 개신교인(改新敎人)입니다. 불교에 대하여 잘 모르기에 지금 하고 있는 대화나 토론에 끼어 들려는 것은 아닙니다. 다만 제가 요즈음 불교철학 공부를 시작했는데, 개론 정도를 읽고 있습니다. 마침 제가 삼법인(三法印)에 대하여 공부하고 있는 중인데, 이 방 제목이 제법무아(諸法無我)이기에, 질문 한 가지와 제가 가진 평소의 의문점을 말씀드리고 답을 얻으려는 것입니다.

저는 힌두철학에 대하여 이전에 공부를 좀 했기에 어느 정도 아는 편입니다. 그렇다고 힌두교의 원전인 베다 경이나 브라만 경, 우파니샤드의 원문을 공부한 것은 아닙니다. 그 사상에 대하여 조금 공부했다는 것입니다. 그러나 아직 미미합니다.

　제가 질문드리고 싶은 점은, 힌두철학의 우파니샤드에서는 범아일여(梵我一如, Brahman asi Atman)를 말하면서 '아트만'과 '브라만'의 합일(合一)을 해탈로 말하지 않습니까. 그 합일을 깨닫지 못하는 것을 무지(無知, Avidya)로 보고 있고요.

　그리고 불교에서의 제행무상(諸行無常)은 힌두교 사상과 별 차이가 없는 것으로 저에게는 보이고, 다만 불교의 제법무아(諸法無我)를 일반적으로 우파니샤드 사상과 근본적으로 구별되는 것으로 말하는데, 저에게는 그 차이점이 크게 느껴지지 않습니다.

　불교에서는 나(我)를 인연과 화합으로 이루어진 것이어서 상대적이고 일시적이라고 보는 것과, 힌두철학 우파니샤드에서 나(我, Atman)를 실재적으로 보는 이론적 차이는 이해하겠지만, 우파니샤드에서도 무지에 의하여 참나를 깨닫지 못한 상태를 이야기하는 점에 있어서, 불교에서 말하는 무아(無我)와 실제적으로 같은 것이 아닌가 하는 생각이 듭니다. 그 차이점을 쉽게 설명해 주시면 좋겠습니다.

　그리고 제가 갖고 있는 평소의 개인적인 의문은, 그렇다면 이 세상에서의 실존적인 면에서 나의 정체성(identity)은 어떻게 찾고 발휘될 수 있는 것인가 하는 점입니다.

　아무쪼록 저의 이런 무지한 질문을 이해하시고 기쁘게 대답해 주셨으면 합니다. 또한 허락하신다면 공부하는 입장에서 가끔 질문을 드리겠습니다. 감사합니다.

답변... 먼저, 일개 범부(凡夫)에 지나지 않는 저에게 이런 차원 높은 고도의 질문을 해주신 호랑이님에게 놀라움을 느끼고 있습니다. 저라고 하여 이것저것 다 알고 있는 것이 아니므로…. 답변이 만족스러울지 모르겠습니다. 다만 성심껏 말씀드려 보겠습니다.

범아일여(梵我一如) 사상을 쉽게 말씀드리자면, 모든 근원은 파고 들어가면 전부 '하나'라는 사상입니다.(그러나 이것은 매우 조심하시기 바랍니다. 언젠가는 나올 것이지만, '모든 것은 다 하나〔一元論, 二元論의 상대〕'라는 것과, '둘이 아니다〔不二論〕'라는 것은 하늘과 땅의 차이입니다.)

범아일여는 모든 것은 쪼개고 쪼개고, 뭉치고 뭉치면 어떤 말할 수 없고 설명할 수 없는 경지가 나오는데, 그 경지에서는 피차를 구분한다는 것이 의미가 없으니, 그것을 범아일여라고 하는 것입니다.

범(梵)은 최고의 어떤 궁극적인 존재를 말하고, 아(我)는 그것을 인식함을 말합니다. 일여(一如)는 '한가지와 같다'고 함인데, 이 경지는 나와 남을 구분하는 거친 작용은 없습니다만, 아직 미세하게 나와 남을 가르는 작용〔薰習〕이 남아 있습니다. 즉, 무아(無我)여서 범아일여(梵我一如)라 하는 것이 아니고, 아직 무아의 경지에 이르지는 못했지만, 그렇다고 남을 아주 남이라고도 할 수 없어서, 그 경지에서 하는 말이 범아일여입니다. 이것은 단순한 육단심(肉團心 : 四心의 하나. 심장을 가리킴)에서 나오는 사상이 아닙니다. 어느 정도 깊은 명상 가운데서 얻어진 결과물로써의 경지입니다. 경험된 경지이지요. 외도(外道)의 수행으로 얻어지는 것 중 아마 최고의 경지일 것입니다. 무소유처(無所有處 : 無色界의 비상비비상처의 하위 단계의식, 재능이 뛰어난 요가 수행자만이 오를 수 있는 단계)라는 삼매의 경지라고도 합니다. 이 경지에서는 모든 것이 '나와 남이 하나(一元論)'라고 인식되는 틀에 안주합니다. 우리 범인들로서는 가히 이해할 수 없는 차원에 의식이 안주한다고 합니다만, 사실은 안주하는 것이 아니라 정체되어 있는 것입니다.

제행무상과 제법무아는 줄여 말하면 세계(世界)라고 일컫고 싶습니다. 세(世)는 시간이요, 계(界)는 공간입니다. 무상은 세계를 시간적 배열로 본 것이고, 무아는 세계를 공간적으로 본 것입니다. 이를 합쳐보면, 즉 시간과 공간이 크로스되는 점의 무수한 연속이 존재라는 세계입니다. 그 무수한 점 중에 만일 어느 하나가 진짜이면 다른 무수한 것도 진짜요, 만일 어느 하나가 가짜이면 다른 무수한 것도 가짜일 것입니다. 그렇다면 어느 것이 진짜인지 알면 답이 곧 나올 것입니다. 그 무수한 점의 연속 중에서 과연 어느 점이 진짜이겠습니까? (한번 잘 찾아보십시오. 그리고 찾으시면 제게 알려주십시오. 당장 '제행이 무상하고 제법이 무아'라고 떠든 부처님을 때려눕힐 것입니다.)

무아(無我)란 것이 있는 것이 아니고, 그냥 무아인 것입니다. 그것을 '하나'라 말하지 않고 그냥 '둘이 아니다'고 하는 것입니다. '둘이 아니다' 하므로, '하나다' 했을 때에 연속 뛰쳐나오는 '둘이다' '셋이다' 하는 등의 모든 번거로움을 일시에 뛰어넘어 제거하고 오롯이 삼매에 들 수 있습니다.

무상(無常)과 무아(無我)의 참 경지는 그 '어떤 고정된 경지'가 아니고, 시간적으로나 공간적으로 존재하지 않는다는 삼매에서 나온 일종의

눈을 들어 산을 보니 산과 눈이 둘이 아니구나.
고개 들어 하늘을 보니 하늘이 도로 나를 쳐다보는구나.
산봉우리 토해 내는 구름 사이에 콧구멍 두 개 끼워 놓은 지 천만 년.
아직도 푸른 하늘일세.

· 네팔 카트만두 스얌 브나트 사원.

지혜의 결정체입니다. 그 자체가 결정체인 까닭에 삼매가 아니고서는 능히 이를 수가 없습니다. 이것은 하늘의 신(神)들도 아직 터득하지 못한 경지인 까닭에, 신들조차 늘 시간과 공간으로부터 오는 번뇌에서 자유로울 수가 없는 것입니다. 만약 시공을 초월하는 것을 범아일여라고 한다면, 초월한다는 그 주체조차 존재하지 않는다고 보는 것이 바로 제행무상이요 제법무아일 것입니다. 왜냐하면 초월하는 주체(主體)가 있어야 하는데, 무아에는 그러한 주체가 진실로는 없다는 것입니다.

 '나(我)가 있다'는 사상에는 개념들이 참으로 많습니다. '나', '영혼', '성령', '진아(참나)', '아트만' 등등, 이런 것은 모두 동일어입니다. '나'가 있다는 것에는 다 동일어라 이 말씀입니다. 실존적 의미에서 나의 정체성(아이덴티티)은 바로 '나(我)'라고 생각하므로 '나는 존재한다'는 것입니다(즉 허망하다는 것입니다). 많은 사람들이 이런 자기의 정체성에 늘 동조하고 믿음을 가집니다만, 그것을 일부러 힘주어 거슬리고 싶지는 않습니다. 하지만 괴로움은 늘 여기서 솟아납니다.

 무지하여 '참나'를 깨닫지 못해 '나가 없다'고 하는 것이 아니요, '나'란 물건을 찾다가 찾다가 실패하여 결국 못 찾아서 무아(無我)도 아니요, 그것은 당연히 무아이자 오로지 진실 그 자체입니다. 그러므로 여러 괴로움에서 속히 벗어날 수 있으며, 윤회의 카테고리를 쉽게 끊을 수 있으며, 진정한 초자아(超自我)로 이끌 수 있는 것입니다. 실은 '초자아'라고 하는 것도 없는 것이지만 —.

 무아삼매(無我三昧)는 범아일여의 수행이나 기도나 요즘 유행하는 기수련으로 인한 의도적인 안락함과는 확연히 틀린 것입니다. 외도들의 행위는 초월적 경험에서 행위자의 의도가 있음이고, 무아삼매의 경지는 행위자의 의도가 없기 때문입니다.

> 눈을 들어 산을 보니
> 산과 눈이 둘이 아니구나.
> 고개 들어 하늘을 보니
> 하늘이 도로 나를 쳐다보는구나.
> 산봉우리 토해 내는 구름 사이에
> 콧구멍 두 개 끼워 놓은 지 천만 년.
> 아직도 푸른 하늘일세.

10
무(無)란 무엇인가

질문자 : 아네스 [가톨릭]

답변자 : 유 마

질문... 좋은 아침입니다. 모두 평안하셨는지요. 저는 요즘 들어 무더위도 한풀 꺾인 마당에 한여름 열대야 때보다 더 잠을 이루기 어렵답니다. 집에만 있어서 그런가요? 아닙니다. 사람들 안에 있는 진리에 대한 갈망 때문입니다. 그것은 참 아름다운 일인 것 같습니다.

깨달음! 참 좋지요. 저는 깨달음에 대해 이렇게 생각합니다. 하나님은 무(無)에 가까울 만큼 그 존재가 가늠하기 어렵기에, 인간의 머리로 헤아리기엔 무척 힘이 듭니다. 그런데 어두운 밤은 이것을 아는 시간이 아닌가 생각합니다. 마치 무(無)에서 유(有)를 찾아 나가지만, 마침내는 '다시 무(無)로 되돌아오는 것이 곧 깨달음이 아닌가' 하고 말입니다.

그러나 이 과정이 너무도 어렵고 힘들기에, 그래서 좁은 문이 아닐까 생각해 봅니다. 무를 얻어낸 깨달음은, 단순히 하나님을 알고 그분으로부터 어떤 체험을 얻어 위험이나 곤경에서 구해 주셨다는 그런 기쁨보다 말할 수 없는 평화와 자유가 존재함을 알게 하는 것이라는 생각을 합니다. 또한 그 상태에서 우리가 살면서 가진 것이 아주 사소한 먼지만큼이나 하잘것없음을 알게 하는 것이기도 합니다. 이것은 각 종교에서 다르게 표현되고 있지만 나라와 나라의, 그리고 문화적 차이에서 오는 다른 표현의 방식일 뿐이라고 여겨집니다.

유마님께 질문이 있습니다. 그토록 큰 깨달음을 얻은 부처는 왜 신(神)은 알아보지 못했을까요? 부처 또한 하나님을 무(無)에 가까운 존재임을 깨달아, 그것을 아예 '없음'으로 여긴 것일까요? 하나님의 크심은 과연 부처가 입을 다물고 다만 '없음'이라고 할 정도였을까요? 그는 인간 중에서 하나님을 가장 잘 깨달은 사람일까요?

저는 말하고 싶습니다. 부처가 진정 없음, 즉 무(無)처럼 존재하는 신을 알았다면, 그는 가장 완벽하게 깨달은 존재라는 것을 인정할 것입니다. 그럴 수밖에 없음을 나는 시인합니다.

제 질문이 좀 엉뚱한가요? 하지만 많은 가톨릭의 성인들은 그 무(無)에서 진정한 하나님을 보았습니다. 이것은 하나님이 존재함을 알고 있지만, 그 존재를 표현함의 인간적 한계일 뿐이기에, 모두 입을 다물 수밖에 없었던 그 깨달음이 바로 무(無)라는 것이라고 나는 이해합니다.

아, 인간은 과연 그 깊이를 얼마만큼까지 알 수 있을까요?

답변… 아네스, 당신의 이 천진한 질문에 차라리 당혹스럽기까지 합니다. 나는 무(無)에 대하여 어떻게 설명해야 가장 친절하게 설명하는 것인가에 대해 깊이 생각해보았습니다. 기독교[천주교, 개신교 등등]인들에게 이것은 참으로 힘든 작업입니다.

지금 '아네스님이 말한 무(無)'는 '불교에서 말하는 무(無)'와는 하늘과 땅 차이입니다. 이를테면 '아네스님이 말하는 무'는 '있음'과 '없음'의 무(無)입니다. '있다' '없다' 할 때의 그 무(無)는 불교에서는 전혀 사용하지 않는 부엌칼입니다.

이름은 같으나 사람은 틀린 경우 동명이인(同名異人)이라고 하지요? 그와 같이 지금 임께서 말한 '있다' '없다'는 개념의 무(無)는 불교에서 쓰는 무(無)가 아닙니다. 표현방식의 차이가 아니라 방정식의 차이입니다. 방정식이 다릅니다. 결코 같은 방정식이 아니에요.

어떻게 말해야 하나…. 이를테면 여기 보자기에 덮인 그릇이 하나 있어요. 어떤 사람이 그 보자기를 걷어 내고 그 그릇을 보았는데 그릇 속에 아무것도 없어요. 그때 그 사람이 말하기를 "어! 아무것도 없네!"라는 말이 바로 아네스님이 생각하는 무입니다. 아무것도 없긴 왜 없겠어요? 그릇이 있고, 또 그릇을 보는 당신이 있는데 말입니다.

그러한 것으로 무(無)를 고찰하는 것은 아무런 화두(話頭)도 주지 않아요. '화두 없는 무'는 그냥 빈 그릇일 뿐이죠. '화두가 없다'는 것은 깨달음이 없다는 말입니다.

불교에서 말하는 '무(無)'란 것은, '보자기를 걷어 내고 봤을 때 애당초 거기에 무엇이 있다고 고집할 사람이 없을 때' 그것을 '무(無)'라 합니다. 그릇이 비어 있다든가 차 있다든가 하는 것과 '무'와는 아무 상관이 없답니다. 비록 기독교인들을 비하(卑下)하는 듯이 보일지 모르지만, 결코 그럴 뜻이 없다는 저의 진정을 받아주세요. 캄캄하여 아무것도 안 보이는 것을 '아무것도 없다'고 하면 안 되잖아요? 그건 그냥 어둠이고 그리고 보이질 않을 뿐인데, 그러한 '무(無)'는 '유(有)'와 똑같은 형제자매입니다.

여기 어느 집에 예쁜 처녀가 와서 하룻밤 쉬어 가기를 청합니다. 집 주인은 호색한은 아니지만, 예쁜 처녀의 자태가 아름다워 두 말할 나위 없이 그렇게 하라고 허락합니다. 속으로는 정말이지 저 처녀를 오늘 밤 내 것으로 만들 수만 있다면, 자기의 전 재산을 들여도 좋다고 생각하면서 말예요. 그리하여 하인에게 제일 크고 좋은 방을 말끔히 청소하게 하고 혼자서 "이게 웬 떡이냐!"라며 난리법석을 피웁니다.

그런데 주인의 허락이 떨어지자마자, 이 처녀가 문 밖으로 나가더니, 다른 또 하나의 처녀를 데리고 함께 손잡고 들어오는 것이었습니다. 그 다른 처녀는 글자 그대로 추한 여자였습니다. 그래서 그 주인은 그 예쁜 처녀보고 "그 여자는 들이지 마라"고 말할 수밖에 없었습니다.

하룻밤 쉴 것을 거절당한 추한 여자는 그래도 나가지 않고, 예쁜 처녀의 손을 꼭 잡고 놓지 않습니다. "우리는 자매입니다. 서로 떨어져서는 단 하룻밤도 지낼 수 없습니다. 자비로우신 주인께서는 저희 둘을 같이 있게 해주십시오. 만일 하나를 쫓아내신다면 같이 나갈 것입니다"라고 하니 주인이 갑자기 분주해졌습니다. 이쪽을 취하자니 저쪽이 따라오고, 저쪽을 떨구자니 이쪽이 같이 떨구어져 나가고….

이 비유는 부처님의 비유입니다. 바로 '유(有)와 무(無)'의 비유입니다. 바로 '생과 사'의 비유입니다. 바로 '즐거움과 고통'의 비유입니다. 바로 '천국과 지옥'의 비유입니다. 바로 '시작과 끝'의 비유입니다.

세상에 이름깨나 있게 유행하는 논변들 대부분은 이와 같습니다. 하나를 들면 반드시 다른 하나가 따라와 성가시게 합니다. '제1원인이다'라고 하면 '그 제1원인의 원인은 무엇이냐?'라는 것이 따라와서 위의 못생긴 추녀처럼 달라붙습니다. '자존성(自存性)이다'라고 하면 '자존성이 존재하기 전의 존재는 무엇이냐?'라는 것이 위의 못생긴 추녀처럼 붙어 떨어지지 않습니다. 당신들은 이것을 '믿음'으로 보기 좋게 처리하지만, 제가 보기에는 아무래도 '믿을 것을 믿는 것 같지 않아' 보입니다.

마치 균형을 갖춘 무게를 가진 저울에서, 한쪽을 취하면 다른 한쪽이 내려가는 숙제를 풀지 못해 끙끙대는 어린아이와 같습니다. 어떻게 하면 두 개의 추가 대칭이 되면서, 한쪽만을 가질 수 있을까요? 아네스님이 무(無)를 가져내면 유(有)가 올라오고, 유(有)를 가져내면 무(無)가 올라오는 이 양변(兩邊)의 시소게임에 빠져있는 동안, 세월이 흘러서 머리는 희어지고 숨은 가빠지고 기력은 쇠약해져서, 실로는 요단강 가까이에 가 있으면서도 거기에서까지 이 문제와 씨름하는 자신을 보게 될 것입니다. 그리고 말할 것입니다. "나는 천국만 손에 들고 간다."

그 순간에 지옥문이 훌쩍 따라와, 아네스님의 균형을 요구하는 중요한 순간에 균형은 도리어 무참히 깨지고 말 것입니다. 균형을 잃은 당신의 감각은 추락하는 비행기처럼 숨가쁘게 당신을 흔들어댈 것입니다. 아! 그 상태로는 도저히 천국을 갈 수 있을 것 같지가 않군요. 천국에서도 편견이 존재한다면 가능할까요?

부처님은 궁극적인 본질로서의 하나님을 잘 아는 분이십니다. 부처님께서 하나님이 없다고 말한 적이 없습니다. 오히려 하나님의 존재를 사람들에게 가장 적절히 잘 드러내 주신 분입니다. 어디서 무엇을 하시며, 어떤 권능을 향유하고 계신지에 대하여, 성경의 선지자들일지라도 부처님만큼 눈에 보이듯 또렷하게 잘 말씀해 주신 분이 없을 것입니다. 부처님만큼 하나님과 돈독한 친교를 유지하는 존재는 없습니다. 부처님이 하나님을 알지 못하였다는 것은 전적으로 무지한 말입니다. 모르겠습니다만 혹시, 그 하나님의 이름이 '야훼(여호와)'라고 하는 일개 부족민의 부족신에 불과하였던 때라 이름도 성도 몰랐다면 또 모를까.

만일, 모든 것의 본질로서의 신(神)이 아니라, 어떤 세계 어느 하늘에 주재자로서의 신이라면 그러한 신(神)은, 우리와 같이, '분명히 존재하는 존재성을 갖춘 존재'입니다. 만일 아녜스님이 지루함을 견디어 낼 준비를 하겠다면, 나는 모든 하늘들의 이름과 거기의 주재자들과 그 주재자들의 주재자들까지 전부 들은 바대로 말할 수 있습니다. 하지만 그런 것들이 아녜스님의 영성에 아무런 도움이 되지 못할 것이기에 구태여 하지 않고 있을 뿐입니다. 그렇지 않나요? 누가 있든 없든, 우리는 하지 말아야 할 것은 하지 말아야 하고, 해야 할 것은 해야 하지 않나요?

아녜스, 다시 한 번 말하지만 무(無)처럼 존재하는 유(有)는 없어요.

있음과 없음의 무(無), 기독교에서 말하는 무(無).
이는 불교에서 말하는 무(無)와는 천지 차이입니다.
무엇이 있다, 없다고 고집할 것이 없을 때 이를 불교에서는 무(無)라고 합니다.

· 인도 엘로라 석굴.

신은 분명 있는데 없다고 하는 것이 되어버려 오히려 헷갈리게 될 거예요. '없는 것처럼 있는 것'은 성립하지 않는답니다. 그러한 견해를 짓는다고 '있고' '없음'의 견해(有無)에서 해방되는 것은 아녜요. 자, 아녜스님. 질문 고마웠습니다.

    소리에 놀라지 않는 사자처럼
    그물에 걸리지 않는 바람처럼
    진흙에 물들지 않는 연꽃처럼
    그리고
    무소의 뿔처럼 혼자서 가라.
    무소의 뿔처럼 혼자서 가라.

11
믿음이란

10여 년 전의 일이다.

어느 날, 유마는 친구의 집을 찾았다. 마침 친구의 집에는 감리교 목사이신 친구의 형님이 와 계셨다. 친구의 형은 신앙이 깊었으며, 음악을 좋아하는 사람이었다. 유마와는 나이 차이가 많아서 그랬는지, 목사가 되기 이전부터 유마를 자신의 동생처럼 아껴 주었고, 집안에서도 그 형에 대한 칭찬이 자자하던 터였기에, 유마 역시 그 형을 따르고 좋아했다. 마실 것을 준비하러 친구가 잠시 자리를 비운 사이에 목사이신 형은 종교 이야기를 꺼내 들었다.

평소 유마는 종교 이야기가 나오면 슬며시 다른 방향으로 대화를 바꾸려 노력했고, 그것도 안 되면 애써 묵묵히 듣고만 있던 터였다. 대부분의 불교신도가 그렇지만 그것은 회피가 아니라, 일종의 상대에 대한 배려였다. 남과 그리고 남의 종교를 존중하여 함부로 자신의 종교를 전면에 내

세우지 않으려는 생각과 또 다른 가르침도 불교 안에서 포용하려는 의지
였다. 유마가 불교 안에서 기독교를 발견한 것처럼….
그러나 그 날은 그대로 듣고만 있을 수는 없었다.

유마… 안녕하셨습니까? 형님, 한동안 문안도 드리지 못했군요.

형… 잘 있었니? 유마야! 듣자니, 요즘 불교를 가까이 한다고 그러
더구나.

유마… …!

형… 그래! 다른 종교도 알아둘 필요는 있지. 하지만 진짜로 불교에
빠진 것은 아니지?

유마… (가벼운 미소를 지어 보낸다).

형… 이 세상의 구원은 예수님 한 분을 통해서만 이루어지는 것을
의심하면 안 된다. 성경의 "내가 곧 길이요 진리요 생명이니, 나를 말미암
지 않고는 아버지께로 올 자가 없다"라고 하신 말씀 기억하지? 이 말이 실
없는 말이었다면 2천 년 동안 우리보다 더 똑똑하고 훌륭한 천재·수재·
철학자·과학자들이 그렇게 한결같이 예수님을 믿지는 않았을 것이야. 그

사람들이 모두 멍청이라서 예수님을 그리스도라 믿었다고 생각할 수는 없지 않겠느냐?

주님을 잘 믿어야 한다. 너의 할아버지도 할머니도 그렇게 믿으시다가 하늘나라로 가신 것을 너도 다 알잖아? 네가 나중에 천국 문에서 그분들과 만나야 하지 않겠니?

유마... 천국이란 어떤 곳이죠?

형... (어이없다는 듯이)아직 그것도 모른단 말이야?

유마... 예! 모두 나에게 "예수를 믿고 천국을 가라"고는 했지만, 아무도 나에게 천국이 어디 있는지, 어떤 곳인지 말해 준 사람은 없었어요. 전 아직도 천국이 어디에 있는 어떤 곳인지를 모릅니다. (예수)믿는 사람들마다 '천국, 천국' 하는 걸 보면, 분명 다들 천국이 어디 있는 어떤 곳인지를 정확히 아는 것 같은데도 나에게 말해 주는 사람은 그동안 없더군요. 형님이 마침 저에게 천국 문(門)을 말씀하시니 그렇다면 천국은 어디 있죠?

형... 하늘나라에 있지.

유마... 하늘이라면, 동서남북상하 중, 어느 쪽 하늘나라에 있습니

제2장 문답　　175

까? 우리 바로 머리 위에 있다면 지구를 완전히 감싸 안은 것이 되므로 원형으로 되어 있을 것이겠군요. 그렇지 않고 바로 이스라엘 땅 위에 있다면 하늘나라는 지구궤적하고 같은 위치에서, 마치 인공위성처럼 24시간 동안 지구를 한 바퀴 돌고 있겠군요. 이 경우라면 지구 외에 다른 행성에는 그 거룩한 힘이 미치지 않을 것이고, 그게 아니고 모든 은하계 밖에 존재한다면 그 하늘나라의 하늘에는 또 무엇이 있죠? 설마 천국에는 하늘이 없다고 말하려는 것은 아니겠죠.

형… 허, 이 녀석이….

유마… 형! 천국이 어디에 있는지 말씀하시기 힘들다면 천국이란 어떤 곳인지 아시면 가르쳐 주세요?

형… 천국이란, 도대체 '주님의 나라'라는 걸 몰라서 하는 말이냐?

유마… 예. 정말 저는 모릅니다. 천국이라고 듣기만 했을 뿐, 본 적도 없고 짐작도 가지 않습니다. '주님의 나라'란 어떤 곳입니까?

형… 유마야, 네 믿음이 정말 큰일이구나! 천국, 즉 주님이 계신 곳은 온갖 영광 중의 영광으로 가득한 나라이고, 하늘의 태양조차 그 영광의 빛에는 어두움일 뿐이며, 그리고 천사들의 찬미와 예배가 끊이지 않는 곳이다. 육체로는 못 가는 곳이고 주님이 허락한 영혼만이 드나드는 곳이다.

이 영혼이 보고서 믿는 것이 아니라 보지 않고도 믿는 믿음에 더하여지는 하나님의 축복으로 말미암아 가는 곳, 저 영광의 아버지가 계신 곳, 그곳이 바로 천국이다. 생각이나 이해나 이치를 따져서 가는 곳이 결코 아니다.

이치를 따진다면 학문적 지식으로도 천국을 못 갈 것도 없는데, 아무리 학문적 지식이 산더미처럼 쌓여 있다 하더라도 예수님을 안 믿으면 천국에 갈 수 없으므로 전부 쓸모없는 지식에 불과하다.

유마... 그러면 예수님이 오시기 전에는 아무렇지도 않았던 것이, 예수님이 오시므로 전부 무의미해져 버렸다면, 예수님은 무엇 하러 오셨다는 말입니까? 세상을 구하러 온 것이 아니라 마치 세상을 더 바싹 구속(拘束)하러 온 것처럼 보입니다.

단순히 자신을 믿게 하게 하기 위하여, 믿으면 천국, 믿지 않으면 지옥으로 보낸다고 하는 것은, 마치 인류를 사랑하여 자기 몸까지 십자가에 박혀 가며 애를 썼건만 그럼에도 믿지를 않으니, 십자가에서 목숨을 버린 것만 억울하다고 여기셔서 그 보상을 구하느라고 분노에 찬 원망 갚음으로 보입니다.

설령, 생각만큼 그렇게 자비하신 분이 아니라 하더라도, 자기를 믿지 않으면 천당에 못 간다고 하는 것으로 그쳐야지, 왜 안 믿으면 지옥으로 보낸다고 한다는 겁니까? 확실히 요즘 기독교[천주교, 개신교 등등]인들의 그런 세계관 내지 구원관을 보면, 예수님이 오셨기 때문에 예수님이 오기 전보다 더 훈훈해진 것이 아니라 더 혹독해지고 악독해졌습니다. 또한 분명 (예수 오기)그 전까지는 예수님을 안 믿어도 괜찮았던 것이 예수가 오고 나서부터는 절대적으로 이제부터 믿지 않으면 안 통한다고 한다면, 예수 없이 살다간 이전의 사람들이 오히려 더 다행스럽게 여겨지는 것이 아니겠습니까?

그것이야말로 '나 아니면 안 된다'는 사고방식과 다를 게 무엇입니까? '나 아니면 안 된다'라는 것이 얼마나 해악하고 위험한 생각인지는 역사가 증명해 주는 것으로, 그런 사람이 만일 주변에 있다면 모두 오히려 그 사람을 피하려 안달인데, 왜 꼭 한 사람 예수에게만은 예외라는 것입니까?

형... 너 이제 보니, 단단히 불교에 빠졌구나.

유마... 빠진 것은 제가 아니라 형이십니다. 제가 빠졌는지 형이 빠졌는지는 우리 두 사람밖에 주장할 사람이 따로 없습니다. 즉, 판단할 잣대가 없다는 말입니다.

저는 예수 믿는 사람들의 그런 태도가 몹시 거슬립니다. 그들은 자기만 잘 믿으면 되지 땅 끝까지 전파하라는 주님의 지상과제를 들먹이며 예수를 안 믿는 사람들에게 지옥에 간다고 협박해 대는 등 스스로 가치 판단을 다하면서, 다른 사람이 자기가 믿는 기독교에 대하여 반론을 전개하면, "당신은 그런 인간의 판단 때문에 하나님을 만나지 못한다"라고 거듭 단

죄해 버리고는 '사탄의 역사'라고까지 합니다. 가히 우스운 일입니다. 자기가 주장하는 것에는 자기만이 증인이 될 뿐인데도, 내가 자기의 증인이 되어 주지 않는다고 성을 내는 격입니다. 이는 말이 안 됩니다.

만일 예수를 믿는 무리들이 그 독점적이고 배타적이며 비타협적일 뿐만 아니라 재판관적인 신앙관에 변화가 있지 않다면, 인간사회에 알맞지 않은 반사회성으로 인하여 중세시대의 일인 독재정치 내지 전제정치의 말로와 같이 몰락하고 말 것입니다. 저처럼 어리석은 무식쟁이도 이렇게 예견되는 것을, 어찌 지혜자라 자칭하는 예수를 믿는 이들은 모른단 말입니까?

형... 유마야, 천국은 믿음으로 가는데, 믿음이 없는 사람이 어떻게 천국에 갈 수 있단 말이냐? 그것은 너무도 당연한 일이 아니냐? 이것은 우리 기독교의 대명제이다.

(유마는 이에 대하여 더 이상 논쟁하는 것은 어리석다고 생각했다.)

유마... 그러면 형은 제게 말씀해 보세요. 형은 천국을 가십니까? 아니 정확히는 천국을 갈 것이라고 믿습니까?

형... (웃으면서) 난 내 믿음에 추호도 의심이 없다.

유마… 그러면 지금 당장에 가 보십시오. 그러면 내가 믿겠습니다.

형… 아니, 이 녀석이 우겨대기는…! 아직 하나님이 부르지도 않았는데, 어떻게 천국엘 지금 당장에 간단 말이냐?

유마… 아니, 왜요? 믿음으로 천국에 간다면서요?

형… 믿음으로 가지만 천국으로 가는 때는 하나님만이 아시는 일이니, 내가 왈가왈부할 일이 아니다.

유마… 그러면 꼭 믿음만으로 이루어지는 것은 아니군요. 하나님이 불러야만 한다는 다른 전제조건이 있는 것이군요.

형… 그거야 피조물로서는 따질 일이 아니지 않느냐? 믿음은 말하자면 준비작업과 같은 것이다. 신부가 결혼을 하는데, 미리 준비하지 않고서 어떻게 신랑을 맞이한단 말이냐? 그것과 같이 우리 같은 피조물은 하나님이 부르심에 응하기 위하여 미리 준비하는 것뿐이란다. 그것이 바로 믿음 아니겠느냐? 그래서 나는 "주님이 지금 바로 부르시면, 당장에 나는 천국에 갈 수 있다"라고 말할 수 있는 것이다.

유마… 좋습니다. 믿음으로 천국엘 간다거나 구원을 받는다는 것은

불자들은 천국을 보기를 돌같이 봅니다.
하찮은 여우들이 드나들며 즐거워할 뿐이라 여기며, 아예 돌아보지 않습니다.
기독교의 천국은 단순히 악한 일을 멈추고 착한 일을 해 나가면
그 과보로 이를 수 있는 매우 단순한 세계입니다.
'누구를 믿고 안 믿는 것에 의한 것'이 아니라
'그 행위에 의하여 그 행위자가 태어나는' 물질세계에 있는 하늘(욕계육천)입니다.

· 인도 아잔타 석굴.

그렇다고 하지요. 그렇다면 제게 말씀해 보세요. 믿음이란 어떤 것입니까? 믿음으로 천국에 간다 하니 그 믿음에 신통력이 있는 것 같아서 드리는 말씀입니다.

형… 믿음을 어떻게 꺼내어 보인다는 말이냐? 나를 보고 가슴이라도 갈라 보이라는 말이냐? 믿음은 예수님을 살아 계신 주님으로 받아들여 "주는 그리스도요, 살아 계신 하나님의 아들"이라고 고백하면 그것이 믿음이다.

유마… 그러면, 형은 그 믿음이 있습니까?

형… 그걸 말이라고 하느냐 지금? 내가 믿음이 없다면 어찌 목사가 되어 남더러 "믿어라, 마라"고 할 수 있겠느냐? 당연히 내가 믿음이 있으므로 너에게도 믿음을 가져 구원을 받으라고 하는 거지. 그건 믿음이 있는 사람만이 아는 일이요, 믿음 있는 사람만이 가지는 권능이자 떳떳함이다.

유마… 예. 잘 알겠습니다. 그러면 형은 그 믿음이란 것이 하루 24시간 항상합니까?

형… …! 그게 무슨 말이냐?

유마… '믿음이 하루 24시간 꼬박 살아 있는가'를 여쭙는 것입니다.

형… 그거야 이를 말이냐. 아침부터 밤까지 난 믿음 속에서 일어나고 믿음 속에서 잔다.

유마… 다행입니다. '믿음'에 일어나시고, '믿음'에 잔다고 하셨지만 자고 나면 어떠한가요? 혹시 잠잘 때도 있나요? 그 믿음이란 것이?

형… 잠잘 때도 있다.

유마… 분명 잠잘 때도 있습니까?

형… 분명 잠잘 때도 믿음이 있다.

유마… 잠잘 때 꿈을 안 꾸시나요?

형… 꿈을 꾸지.

유마… 형! 그러면, 꿈을 꾸실 때 믿음은 어디에 가나요?

형… 유마야, 그런 억지가 어디 있느냐? 잠자고 꿈꾸는 것은 하나의 생리작용이지, 생리작용에 대고 '믿음이 어디 있느냐?'라는 억지가 어디 있어?

유마… 그러나 상당히 중요하고 심각한 일이죠. 왜냐하면 '천국에 가느냐 못 가느냐?'는 지상 최대의 일이니까요. 제가 무슨 할 일이 없어 목사인 형 앞에서 희롱하는 말을 하겠습니까? 믿음으로만 구원에 이른다 천국에 간다 하니, (예수를 믿는) 사람에게 이보다 더 중요하고 심각한 일이 어디 있겠습니까?

형! 남자끼리니 드리는 말씀이지만, 저는 잠잘 때 여자와 간음하는 꿈을 심심찮게 꾼답니다. 형은 한번도 그런 꿈이나 뭐 다른 개꿈이라도 꾸지 않으셨다면 몰라도, 만일 꾸셨다면, 그 순간에 믿음은 어디에 보관하십니까?

형… …!

유마… 저는 지금 형이 '믿음으로 구원함에 이른다'라고 하기에, 그 믿음이 어디 있느냐고 여쭌 것입니다.

하루는 24시간입니다. 믿음이 만일 이 24시간에서 조금이라도 이상이 있으면 불완전한 것일 겁니다. '이상이 있다'고 함은 바로 '믿음이 생겼다거나 없어졌다거나, 믿음이 증가되었다거나 감소되었다거나, 믿음이 더러움에 물들었다거나 깨끗함을 찾았다거나' 하는 것을 말합니다.

'믿음이 생겼다'고 한다면 그 전에는 생기지 않았다는 뜻이니, 생기지 않았을 때는 예수 이전 시대요, 생겼을 때는 예수 이후 시대입니다. 예수가 없었을 때는 믿음의 여부가 아무런 문제가 없었던 것이, 예수 이후에 들어와서 무시무시하게 '예수를 믿으면 천당, 안 믿으면 지옥'으로 돌변하였고, '믿는 자'와 '안 믿는 자'가 두 편으로 나뉘어졌습니다. 그 때문에 지난 2천 년 동안 이 세상은, 지금 바로 이 순간까지 갖가지 전쟁과 반목으로 시달려야 했음은 역사가 아는 일입니다. 이는 전적으로 그것을 주장하는 쪽의 책임입니다.

형! 믿음이 생겨난 후에만, 즉 예수 이후에만 이 세상은 비로소 가치 있고 제대로 된 세상이라 본다면, 그 이전의 수십 억 수백 억 년의 삶은 무의미했다는 말이니, 이것은 '하나님의 창조의 뜻이 무의미하다'고 하는 거스른 말이 됩니다. 하나님의 아들이신 예수님이 그런 일을 할 리 없습니다. "어찌 귀신이 같은 귀신 무리를 대적할 리가 있겠느냐!"라고 한 것은 바로 예수님의 비유이십니다. 어찌 하나님의 아들이 아버지 하나님의 창조사업을 비판하게 되는 편에 서 있을 수 있겠습니까?

또한 변명하되, 예수가 그러한 예수 이전의 역사를 무의미하게, 즉 성서적으로 말하자면 폐하러 온 것이 아니고, (믿음으로) 완전하게 함이었다 한다면, 이것은 그때까지 하나님의 창조가 불완전하게 되었다는 말이니, 이는 하나님의 창조의 완벽성에 도전하는 것입니다. 게다가 예수 이후의 시대로부터 무려 2천 년이 흘렀지만 아직 완전해진 것은 하나도 없습니다. 곳곳마다 탄식은 줄어들지 않습니다. 이 둘 모두 어느 것에 의해도 하나님의 전지전능을 설명하는데 아무런 도움이 되지 않는다는 말씀입니다.

또한 "그것은 사람들이 타락으로 인한 까닭에 하나님이 구원하려 하심이었다"라고 변명한다면, '타락과 구원'은 '잘못과 시인'을 말합니다. '잘못'이라면 하나님이 이 세상을 타락하도록 만든 것이요 '시인'한다면 하나님이 자기 잘못을 인정하여 구원을 펼친다 함이니, 이것 또한 하나님의 전지전능에 모욕을 주는 경우입니다.

그 어떤 설명으로도 '믿음이 생겨났다'고 한다면 이러한 모순을 돌파하지는 못합니다. 모순을 돌파하지 못하면, 그것은 유리에 금이 간 것과 같이 이내 곧 부서져 버릴 것입니다. '믿음이 없어졌다'면 더 말할 것도 없습니다.

사람이 24시간 중에서, 잠도 자고 밥도 먹고 똥도 싸고 아내와 동침을 하는 등등 소비되어야 할 시간이 여기저기 많은데, 그 중에서 깨어 있을 때는 믿음이 온전하다가, 잠을 자거나 아내와 동침을 하거나 똥을 싸거나 밥을 먹을 때는 믿음이 온데간데없이 사라져 버린다면, 이는 믿음이 없어진 시간에 자기를 두는 것이니, 이때 만일 이 사람이 죽으면 믿음이 없을 때 죽어 버렸으므로 무엇으로 구원의 천국에 갈 것입니까? 반드시 믿음만으로써 천국에 간다는 것은 조건의 성취 없이 천국을 간다고 하는 꼴이니, 이는 믿음을 주장하는 스스로의 논리에 어긋나는 것입니다.

만일 변명하기를 비록 잠잘 때(또는 아내와 동침을 할 때나 밥을 먹느라 맛에 빠져 있을 때, 똥을 싸느라 분주했을 때)는 믿음이 사라졌지만, 그때까지 그 사람이 믿었던 것이 있으므로 그것으로 그 사람은 구원받아 천국에 간다고 한다면, 이는 과거의 것으로 현재를 구원한다고 하는 것이니, 그렇다면 어렸을 때는 믿음이 있었다가 어른이 되어서는 믿음이 없는 사람도 똑같이 구원을 받는다고 할 수 있는 것인데, 그러면 왜 예수교를 믿다가 불교를 믿는 사람은 구원이 없다고 합니까?

구원은 지금 바로 이 순간의 일이므로 지금의 일을 과거의 일을 가지고 논한다면 말이 되겠습니까? 이는 마치 어제 내가 영화 관람권을 미리 샀는데, 그 표를 집에 두고 오늘 극장에 가서 들어가기를 청한다면 극장 주인이 들어가기를 허락하겠습니까? 그는 지금 당장 자기가 들어가고자 하는 그때 관람권을 보여야만 할 것입니다. 또한 '어제의 물'로 '오늘의 불'을 끄려는 것과 같으니, 이것이 가능하다고 하겠습니까?

주님은 천국 문 앞에서 내게 믿음을 보이라고 엄격히 요구할 것입니다. 그런데 거기에서 "오, 주님! 내가 마침 잠을 자다가 목숨이 마쳐서 오게 되었는데〔또는 아름다운 아내와 동침하다가 오게 되었는데, 또는 맛있는 밥을 먹다가 오게 되었는데, 또는 똥을 누다가 갑자기 오게 되었는데, 또는 심장마비로 죽느라고 정신이 없어서〕 미처 믿음을 챙기지 못했습니다. 하지만 제가 이미 주님을 믿어 둔 게 상당히 있으니, 가서 가져오도록 허락해 주십시오"라고 한다면 과연 죽었다가 다시 살아나서 가져올 자가 있겠습니까?

믿음은 과거의 것이 아닙니다. 그것은 가져올 수 없습니다. 믿음은 미래의 것도 아닙니다. 그것은 당겨 올 수도 없습니다. 믿음은 바로 이곳 여기 현재의 것입니다. 내가 목숨을 마치는 바로 그 한순간까지 면면히 믿음이 끊임없이 이어지지 못한다면 '있었다가 없었다가 하는 믿음'으로는 정말이지 행운을 빌어야 할 것입니다. 즉, 내가 마침 제대로 믿음을 갖추고 있을 때〔잠을 자지도 않을 때, 아내와 동침하지 않을 때, 밥 먹지 않을 때, 똥 싸지도 않을 때, 또는 심장마비로 정신이 아득아득하지 않을 때〕에 주님이 부르시면 다행이겠지만, 아니면 이 얼마나 황당하겠습니까?

'믿음이 증가되었다'고 할 때도 마찬가지입니다. 믿음이 증가되었다는 것은 그 전에는 믿음이 양적으로나 질적으로 모자랐다는 말이니, 그렇다면 지금의 증가도 더 크게 증가함에 비해서는 모자란다는 말입니다. 누가 있어 "소자야, 네 믿음이 만족할 만하도다!"라고 소리내어 증명할 수 있답니까? 증가함에도 이러한 흠이 있는데 항차 감소함이겠습니까? '믿음이 깨끗해졌다'는 것도 마찬가지입니다. 그 전에는 믿음이 더러웠다는 말이니 믿음이 이와 같이 증감하거나 깨끗하고 더럽다고 하거나 생기고 없어진다고 한다면, 그것은 바로 이와 같이 흠이 있는 것입니다.

형... 잠자고 먹고 싸는 것은 생리현상이다. 거기에 대고 "믿음이 어디 있느냐?"라는 것은 기침하고 있을 때 물을 마시라는 것과 다를 바가 뭐가 있느냐? 그런 억지로 믿음을 논할 수 있는 문제가 아니다.

유마... 기침을 할 때 물을 마시라고 한다면 그것은 억지입니다. 왜냐하면 '기침'과 '물 마심'이 둘 다 생리작용이어서 '물 마심'을 '믿음'에 비유한다면 믿음도 생리작용에 불과할 뿐이니까요. 설마하니 형은 믿음을 하나의 생리작용으로 파악하시는 것은 아니시겠죠?

형... 그러면, 네가 공부하는 불교에서는 잠잘 때도, 동침하고 밥 먹고 똥 쌀 때도, 믿음을 붙잡고 있다더냐? 모두 똑같은 사람들이 하는 일인데 '너희 불교에서는 옳다' 하고, '우리 기독교의 믿음에는 그르다' 하면 될 말이냐?

유마... 예, 형! 불교에선 그런 믿음은 '쓸모없는 믿음'이라 합니다. 설령 그런 믿음을 가진 사람이라 하여도 불구자처럼 봅니다.

형... 그럼 불교에서는 어떤 믿음을 가진단 말이냐? 잠도 안자고, 밥도 안 먹고, 동침도 안 하고, 똥도 안 싼단 말이냐?

유마... 잠은 오직 잠만 잘 뿐 꿈을 꾸지 않으며, 꿈도 없는 곳에서는 밝은 믿음이 항상 깨어 있을 때와 다르지 않습니다. 하물며 깨어 있을 때이겠습니까?

형... 그곳 사람들은 어떤 사람이기에 왜 그렇다는 말이냐?

유마... 수행자들이기에 그렇습니다.

형... 우리 기독교인들도 수행자들이다. 왜 너희 불교만 수행자라 할 수 있겠느냐? 우리도 금식을 하며, 밤을 새우며 기도하고, 끊임없이 예배

드린다. 도대체 무엇이 다르단 말이냐?

유마… 말은 같이 쓰이나 내용은 같이 쓰이질 않습니다.

형… 내용이 어떻게 다르냐?

유마… 스승이 다르므로 가르침이 다르고, 가르침이 다르므로 가는 길이 다르고, 가는 길이 다르므로 이르는 곳이 다릅니다.

형… …! 말해 봐라.

유마… 부처님이 스승이시니 사람뿐만 아니라 바로 하늘의 신들에게까지 스승이십니다.

형… …! 신들에게까지 스승이라면, 하나님까지 붙여하는 말이냐?

유마… 물론입니다.

형… 그래 좋다. 어디 들어보자. 부처가 왜 하나님의 스승까지라는 말이냐?

유마... 궁극의 깨달음을 열어 보이셨으니 이제까지의 사람은 물론 신(神)들조차 이르지 못한 곳에 이르셨습니다. 곧 새어 나감이 없고 남음이 없고 더 이상이 없고 반듯하고 고른 마음입니다.

이러한 마음은 희귀하여 마치 삼천 년마다 한 번씩 피는 우담바라를 보는 것처럼 만나기가 어려워, 하늘 중의 하늘이라 하는 신들〔제석천(帝釋天), 범천(梵天), 범천왕(梵天王) 등등〕까지 받들어 공경하는 까닭에 부처님은 하늘들의 스승이신 것입니다.

형... 그렇게 말한다면 '신(神) 중의 신(神)'이라 하는 말과 무엇이 다르냐? 그러면 부처가 '신 중의 신이요, 왕 중의 왕'이란 말이냐? 그러한 주장은 모든 종교에 널려 있다. 유독 부처에게만 국한할 일은 아니지 않으냐? 부처에게만 국한한다면, 우리가 '하나님에게만 모든 것에 우선하는 유일한 신'으로 돌리는 것하고 무엇이 다르더란 말이냐?

유마... 다른 종교에서는 궁극의 것을 깨닫지 못했기 때문입니다. '유일하다'는 것은 '깨달음이 유일하다'는 것이지 '존재가 유일하다'는 것이 아닙니다. 또한 '유일하다'는 것은 '처음과 중간과 나중이 한결같다'는 뜻이지, 처음은 좋다가 중간이 이지러지거나 중간도 좋다가 나중이 기울어지는 것과 같은 것은 유일한 것이 아닙니다. 성정(性情)이 들쭉날쭉하여, 처음에 내 뜻에 맞으면 기뻐하고 중간에 내 뜻에 안 맞으면 진노를 나타내는 그런 하나님의 성품에 대하여 쓸 수 있는 말이 아닙니다. 그와 같은 성정은 이 세상에 쌓이고 쌓인 흔해 빠진 성품입니다. 유일한 것이 아닙니다.

　　형... 음 …!

　　유마... 불교에서는 다른 차원을 부인하는 것은 아닙니다. 신(神)은 우리 인간의 차원보다 더 수승(殊勝)한 차원에 있는 실존하는 존재로서 우리 인간이 이해하기에는 복잡하고 까다로운 과정이 있어야 하는 것은 사실이지만, 그렇다고 우리보다 뛰어난 차원에 있다고 하여 '우리하고 달리 구별되어질 것이 근본적으로 없다'고 보는 것입니다. 바람이 닿는 모든 허공, 허공이 닿는 모든 하늘, 하늘이 품는 모든 물, 물이 스며드는 모든 땅, 땅이 뿜어내는 모든 불 가운데, 생로병사가 없는 곳은 없습니다. 기본적 바탕으로 깔려 있는 근본적인 이 생로병사에서는 차원에 따른 '길고 짧은 것'과 '낙(樂)이 많고 적음' 등에서는 차이가 있지만, '존재들 간의 차고 이지러짐에 아무런 차이가 없다'는 점에서, 일반 신관(神觀)과 달리할 뿐입니다.

　　왜냐하면, 부처님이 직접 그러한 신(神)들의 경지를 알고 그들과 대화를 하곤 했을 뿐만 아니라, 그 신들까지 아직 이르지 못한 신령한 경지인, 물질세계를 지나 의식으로 갈 수 있는 마지막 세계까지 지나, 무의식도 아니고 무의식이 아닌 것도 아닌 그런 세계(非想非非想處)의 마지막까지 몸소 가 보았기 때문에, 비로소 신들까지 모두 부처님의 경지를 우러러 보

니르바나, 열반은 부처님의 궁극의 가르침입니다.
　　무상(無上)이요, 정등(正等)이요, 정각(正覺)입니다.
모든 종류의 흐름에서 비롯한 것이지만
　　그 흐름을 타지 않는 그것이 바로 궁극의 묘(妙)함이요,
묘한 가운데 머물지 않고, 언어가 끊기고 온갖 의식과 무의식,
　　그리고 무의식도 아니지만 무의식이 아닌 것도 아닌 것까지 휘어잡으니
　　　　조어장부(調御丈夫)라 할 만합니다.

· 인도 바라나시 갠지스강.

았던 것입니다.

 의식만이 존재하는 세계는 물질세계가 무너질 때〔우주는 대천세계 단위로 成住壞空 혹은 滅함〕에도 요동하지 않습니다. 우리가 사는 우주는 지옥이든 천당이든 대부분은 전부 물질세계에 있습니다. 따라서 아무리 차원이 높은 세계의 천국 인민이라 할지라도 물질세계가 무너질 때는 피할 곳이 없습니다. 예컨대 태양이 앞으로 50억 년이면 적색 거성으로 변하고 나중에는 쪼그라들어 마른 장작나무처럼 되어 버린다는데, 태양이 무너지기 시작하면 그 전에 태양계 내의 모든 행성이 남김없이 소멸할 것입니다. 행성이 소멸하기 전에 그 행성에 사는 생명체는 전부 소멸할 것입니다.

 이와 같이 물질세계에 사는 생명체는, 위로 하늘이든, 아래로 땅이든, 땅 아래 물속이든, 물 아래 지옥이든, 물질이 다하면 종말을 맞이하는 것입니다. 하지만 그때도 이 의식만으로 존재하는데 성공한 중생은 살아남을 것입니다. 그런데 이 의식의 세계에도 종말은 있습니다. 물질이 아닌 까닭에 그 세계의 장구함은 측량할 수도 없지만, 마침내는 종말이 있습니다. 그때도 무의식의 세계에 사는 중생은 살아남을 것입니다. 하지만 이 무의식의 세계에도 종말은 있습니다. 그 세계의 장구함은 의식세계의 장구함에 비추어 더욱 측량할 수 없지만, 마침내는 무의식의 세계까지 다함이 있습니다. 무의식의 세계가 다할 때도 이 '무의식도 아니며 무의식이 아닌 것도 아닌 세계'에 있는 중생은 살아남습니다. 이 '무의식도 아니지만 그렇다고 무의식이 아닌 것도 아닌 세계'까지 마침내는 다함이 있는 것입니다. 그때쯤이면 없어졌던 물질세계가 다시 새로운 물질세계로, 곧 새

우주가 탄생하는데, 그것은 바로 의식이 되살아나 요동치기 때문입니다. 그 '무의식도 아니지만 그렇다고 무의식이 아닌 것도 아닌 중생'은 의식을 갖추어 그 물질세계에 도로 떨어질 것입니다.

윤회(輪廻)란 미시적(微視的)으로만 일어나는 것이 아니라 이렇게 거시적(巨視的)으로도 빈틈없이 진행되는 것입니다. 이것은 전부 중생심[衆生心: 차별상을 가지고 있는 마음]입니다. 중생심은 그 다함이 없습니다. 끝없이 돌고 돌 뿐입니다. 이러함은 측량조차 할 수 없는 시간과 세계의 일을 남김없이 아시는 부처님으로부터 마침내 우리가 전해 듣고 알게 되는 것입니다.

그 '무의식도 아니지만 그렇다고 무의식이 아닌 것도 아닌 그 경지'까지 부처님은 "궁극의 것이 아니다"라고 하여 머물지 않으셨는데, 하물며 그 전의 세계들이겠습니까?

우리 불자(佛子)들이 바로 이러한 연유로 저 천국을 보기를 돌같이 보고, 하찮은 여우들이 드나들며 즐거워할 뿐이라 여기며, 아예 돌아보지 않는 것입니다. 이러한 천국(天國)은 단순히 악한 일을 멈추고 착한 일을 해 나가면 그 과보(果報)로 이를 수 있는 매우 단순한 세계입니다. '누구를 믿고 아니 믿고에 의한 것'이 아니라 '그 행위에 의하여 그 행위자가 태어나는 것'입니다.

천국의 종류는 매우 많습니다. 그것은 선업(善業)과 그 과보의 종류가 매우 다양하기 때문입니다. 지옥도 마찬가지입니다. 악업(惡業)과 그 과보의 종류가 매우 많기 때문입니다. 기독교에서 추구하는 천국은 대부분 전부 이 물질세계에 있는 하늘들(欲天: 식욕 수면욕 등의 욕심을 가지며 그에 따른 쾌락을 느끼는 여섯 종류의 하늘. 욕계육천이라고도 함)입니다. 출가하여 수행하는 목적이 이것뿐이라면, 부처님이 출가하여 깨달은 것이 이것뿐이라 해야 합니다. 하지만 출가하여 수행함이 천국에 들기 위한 것이 아님은, 부처님이 열어 보이시고 가르쳐 들게 하신 것이 '궁극의 깨달음'임을 보면, 수행자의 목적을 단박에 알 수 있는 일입니다. 그렇지 않다면, 가정을 가지고 여인을 가까이 하면서도, 아무런 장애 없이 착한 일 정도는 얼마든지 할 수 있는데 굳이 출가수행을 함이겠습니까?

사실 천국에 가는 것은 더 나쁜 곳에 가는 것보다 훨씬 나은 일이므로 권장할 만한 것이기는 합니다만, 돌고 도는 범주에 있다는 것은 괴로운 것이니, 더 이상 어지럽게 돌지 말라는 것이 더 근본적인 치유책인 것은 두 말할 나위도 없습니다.

돌고 도는 것은 괴로운 것이고, 괴로운 데는 원인이 있고, 원인이 있으면 원인을 없앨 수 있고, 원인을 없애는 데는 여덟 가지의 길이 있다고 천명하신 저 부처님의 사자후(獅子吼)에는 모든 하늘들이 다 포함되는 것은 물론입니다. 결코 신들의 세계와 신들이 가진 놀라운 징표들을 무시한 것은 아니며, 다만 '돌고 도는 고통은 거기에도 없지 않다'는 것입니다. 바로 이러한 세계의 '이루어짐과 되어 감과 허물어짐과 마침내는 다함(成住壞滅)을 꿰뚫어 보신 분은 하늘 위 하늘 아래 부처님뿐이시므로 독존(獨尊)이시며 하늘들의 스승(天人師)이시라' 하는 것입니다.

이와 같이 부처님의 깨달음에 비추어 보니, 형체가 있는 것들은 아래로 하찮게 기어가는 짐승이나 제법 모양을 갖추어 걸어가는 사람이나 그 사람들 위에 군림하며 호령하는 신(神)들이나, 힘있는 순서대로 서로서로 죽임을 주고받으면서 그 피와 살을 발라먹음에 걸림이 없고, 따라서 힘이 없는 것은 힘이 있는 것들에게 갖은 아양과 예배를 드리면서까지 삶을 구하고, 힘이 있는 것은 오만 방자하여 제 뜻에 맞으면 살리고 제 뜻에 안 맞으면 죽이는 일을 되풀이하고 있으며, 형체가 없는 존재는 자기의 의식구조에 자만(自慢)하여 길고 긴 세월을 보내다가 자만의 대가를 치르는 등, 이 모두가 한가지로 윤회(輪廻)하는 테두리에서 놀고 있음을 직접 보시고 아신 것입니다. 이를 아시고서는 버릴 것은 버리고 취할 것은 취하셨는데, 버린 것은 중생심이요 취한 것은 열반(涅槃)입니다. 원어로는 '니르바나'라는 이 '열반의 법'은 마침내 궁극의 것입니다.

열반은 유일한 것입니다. 더 이상이 없으므로 무상(無上)이요, 더 이상의 평등이 없으므로 정등(正等)이요, 더 이상의 바름이 없으므로 정각(正覺)입니다. 모든 종류의 흐름에서 비롯한 것이지만 그 흐름을 타지 않는 그것이 바로 궁극의 묘(妙)함이요, 묘한 가운데 머물지 않고, 언어가 끊기고 온갖 의식과 무의식 그리고 무의식도 아니지만 무의식이 아닌 것도 아닌 것까지 휘어잡으니 조어장부(調御丈夫: 부처님의 십호 중 하나)라 할 만합니다.

형... 허허, 이젠 목사인 나를 아주 설교하려 하네!

유마... 형님! 제가 이해하는 바에 따라 말씀 올리고 있는 것뿐이니 설교란 가당치 않습니다. 믿음에 대하여 말씀드리다 보니 여기까지 온 것입니다. 이 궁극의 것은 형님이 알고 있는 그런 '믿음이라는 바람막이용 마음상태'만으로는 도저히 이를 수가 없습니다.

왜냐하면 형님이 아까 말씀하신 믿음은 그저 하나의 육체의 정신작용에 불과한 것입니다. 육체의 정신작용은 육체의 조건에 따라 그에 맞추어 변하기 때문에, 육체가 만일 피곤하면 정신도 따라서 피곤하여 잠이 들고, 육체가 만일 바쁘면 정신도 따라서 바쁘기 때문에 정신이 없고, 육체가 만일 욕탐(慾貪)에 놓이면 정신도 따라서 욕탐을 맛보기 때문에 각각의 일에 생리작용, 또는 본능이니 어쩔 수 없다는 말이 입에서 술술 나오는 것입니다. 그 작용을 교회에 가거나 기도하는 데 쓰면 그때 그것을 믿음이라 칭하는데, 이것은 도적을 아들로 잘못 알고 반기는 것이어서 나중에 반드시 반역할 것입니다.

형님! 형이 말씀하시는 천국이 어떤 곳인지는 몰라도, 영혼(성령)이 어떤 것인지는 몰라도, 신 또는 하나님이 어떤 것인지는 몰라도, 결코 '흔들리고 움직이며 변하여 사라지는 것'을 일컬어 하는 말은 아닐 것입니다. 변하여 사라지지 않는 것을 믿으면 믿음까지 변하여 사라지지 않아야 마땅합니다.

이를테면, 강물 위를 흘러가는 배에 자기 몸을 묶으면 '배가 움직이면 자기도 움직이는 것이라' 이것을 묶었다고 할 수는 없습니다. 왜냐하

먼 묶는다고 하는 것은 움직이지 않으리라 믿고 묶는 것인데, 오히려 배의 움직임에 따라 묶인 것도 움직인다면, 언젠가는 폭포에 다다라서 아래로 떨어지고 말 것입니다.

마찬가지로 하나님이 있다면 '그것은 변하지 않는 것이어야, 거기에 자기를 묶는 믿음이 따라서 변하지 않고 사라지지 않는 것이다'라고 할 수 있습니다. 그러나 형님도 잘 알다시피 구약의 야훼(여호와) 하나님 성품을 보십시오. 온통 일반 사람과 다름이 없습니다. 자기 뜻에 안 맞으면 침략하고 강탈하고 살과 뼈를 도려내고 인간의 재물을 요구하고 분노와 진노에 나아가 저주까지 하기를 마다하지 않고, 뜻에 맞으면 칭찬하고 세세에 복을 준다고 달래고, 이렇게 사사건건 사람의 감정과 똑같은 성정을 가진 하나님입니다.

하나님이 분노한다면 분노하지 않은 것에서 변한 것이고, 기뻐한다면 분노함에서 변하여 그리 되는 것인데, 이것은 하나님 성품이 우리와 똑같이 들쭉날쭉하여 항상(恒常)됨이 없다고 하는 것입니다. 항상됨이 없다면 그것은 변하는 가운데 놓여져 있는 물건이고, 변하는 것은 의지할 만한 것이 아닙니다.

기독교의 원인(原因)인 하나님의 성품이 이러한 까닭에, 우리가 아까 살펴본 바와 같이, (예수) 믿는 사람 중에는 잠을 잘 때도 밥을 먹을 때도 똥을 쌀 때도, 동침을 할 때도 성을 낼 때도 돌부리에 걸려 넘어질 때도 욕먹을 때도 누가 와서 뺨을 후려칠 때도 심장이 마비되어 숨이 까닥까닥 넘어갈 때도, 반듯하고 한결같이 처음의 그 믿음을 중간과 나중까지 변치 않고 사라지지 않게 또렷하게 가질 수 있는 사람이 단 한 사람인들 있을래야 있을 수가 없는 것입니다.

　잠을 잘 때는 꿈을 꾸느라 믿음이 온데간데없고, 밥을 먹을 때는 맛을 느끼느라 믿음이 숨어 버리고, 똥을 쌀 때는 바빠서 정신이 없고, 동침을 할 때는 애욕의 바다에 빠져 허우적거리느라 믿음을 찾아볼 수 없고, 돌부리에 넘어질 때는 놀라는 바람에 믿음이 달아나 버리고, 욕을 먹고 뺨을 맞을 때는 성을 내는 열기에 믿음이 촛농처럼 흘러내린다면, 정신이 살아 있을 때도 이러한데 항차 죽음의 마왕이 온몸의 구멍을 전부 막아 버릴 때는 오죽할 것입니까? 보나마나입니다. 더구나 죽을 때엔 거의가 심장이 멈추어서 죽는데 심장마비로 죽을 때의 그 사람의 혹독한 고통이 어떠한지는 우리가 보아서 잘 아는 일입니다. 육체의 번잡함에 따라 정신이 아득아득한데 믿음인들 온전하겠습니까? 이것은 모두 변하여 사라지는 육체의 정신작용에 자기의 믿음을 위치시키기 때문입니다. 이를 불교에서는 '육단심(肉團心)'이라 합니다.

　이것은 마치 눈으로 파란색을 보다가 고개를 돌려 빨간색을 보는 것과 같아서, 불리기는 '파란 것이다', '빨간 것이다' 하고 달리 불리지만, 보는 작용은 똑같아 고개만 돌린 것에 불과함과 같습니다. 왜냐하면 눈〔眼〕으로 보고 정신으로 알기 때문입니다. 만일 눈이 감기거나 정신이 딴데로 가 있으면, 보아도 본 것이 아니요 들어도 들은 것이 아닌 셈입니다. 여기에 자기의 믿음을 묶어 놓으면서 천하에 자랑을 하고 남에게 권장을 하니, 이 얼마나 우스운 일이겠습니까?

　　기독교에서는 이를 믿음이라 하여 너도나도 주고받습니다. 위로 교황이나 원로 목사로부터 아래로는 영아 세례를 받는 아이까지 이렇게 서로서로 믿음을 주고받습니다. 그도 그럴 것이 그 교황이나 원로 목사들에게 전해 준 그 선조가 되는 교황이나 목사들이 또 그런 믿음을 전해 받았기 때문에, 자기가 전해 받은 것만을 전해 줄 수밖에 없는 것입니다. 저는 이제껏 기독교에 있으면서 '신교·구교'를 막론하고 육단심 말고는 믿음을 아는 자를 보지도 듣지도 못했습니다. 따라서 2천 년 동안의 그 많은 믿는 사람들이 어디를 갔는지 알지 못합니다.

　　형… …!

　　유마… 형님! 저는 거들먹거리느라 이렇게 말하는 것이 아닙니다. 아무리 하찮은 천국을 간다고 할지라도 믿음은 바로 알아야 나중에 우리가 자신에게 속는 일을 면할 수 있습니다.

　　오고가고 앉고 눕고 움직이고 머물 때마다, 믿음이 따라서 오기도 하고 가기도 하고 앉기도 하고 눕기도 한다면 그 움직이는 믿음은 한결같지 않습니다. 새어 나감이 있는 남음이 있는 믿음으로는 어리석은 사람들 앞에서나 호령할 뿐이지 죽음의 마왕 앞에서는 어림도 없으며, 비록 오나가나 앉으나 누우나 믿음이 제법 한결같이 또렷하다 해도 깨어 있을 때의 일이요, 막상 잠을 자 버리고 나면 잠 하나도 똑바로 자지 못하고 온갖 꿈을 꿔대는 그 믿음으로는 죽음의 마왕 앞에서는 역시 허우적댈 것이 뻔한 노릇이기 때문입니다. 비록 꿈을 꿀 때도 믿음이 또렷하여 밝게 빛난다 하더라도 꿈도 없는 깊은 잠에 빠져 믿음이 온데간데없이 잊어버리는 믿음으로는 죽음의 마왕 앞에서는 쥐도 새도 모르게 잡혀갈 뿐입니다.

예수를 믿는 사람들은 이러함에도 불구하고, 늘 자족(自足)하여 "나는 믿음이 있으니, 너도 믿음을 가져 구원을 받아라"고 하는 것을 보면 실로 가엾다 못해 깊은 연민의 정을 느낍니다. 목사라고 해도, 그 뜻은 비록 양을 지키는 스승이라 하지만, 전해 받은 것이나 전해 주는 것이나 하나같이 그 육단심의 믿음을 두고 말할 뿐이고, 천박한 목동에 불과할 뿐이니, 장차 죽음을 앞둔 제가 어찌 믿고 의지하겠습니까? 이야말로 시각장애자에게 내 손을 맡겨 이끌게 하는 꼴이어서, 생각만 해도 무섭습니다. 그러므로 제가 기독교의 그 믿음이란 것을 썩은 사과처럼 버린 것입니다.

기독교에는 스승이 없습니다. 스승이 없기 때문에 가르침이 없고, 가르침이 없기 때문에 모자란 것을 가지고 완전하다고 우겨대기만 할 뿐, 아무도 길을 가보지 않은 사람들입니다. 그렇지 않습니까? 누가 이 길을 가 보아서 흔들리지 않고 흘러가지 않고 새어나가지 않고 남음이 없는 경지를 터득하였겠습니까?

이는 이것을 가르친 기독교 여호와(야훼) 하나님의 경지가 바로 그 끝인 것입니다. 하나님이라 자칭하는 여호와 신이 자기가 이른 그 경지를 가지고 사람들에게 권유하였으니 마땅히 기독교 신의 경지가 이것뿐임을 알 수 있습니다. 진흙과 도자기의 관계에서 진흙의 양이 도자기의 크기를 결정하는 것입니다. 진흙이 많으면 도자기도 커질 것이요 진흙이 적으면 도자기도 따라서 작아질 것입니다.

형… …!

12
어떤 문답(問答)

어떤 이가 나에게 와서 물었다.

問... 불교란 무엇입니까?
答... 불교란 부처님 가르침이지요.
問... 무엇을 가르쳤습니까?
答... 삼학(三學)을 가르치셨습니다.
問... 삼학이란 무엇입니까?
答... 계(戒)와 정(定)과 혜(慧)가 그것입니다.
問... 그러면 절하는 것은 어디에 해당합니까?
答... 번거로움에 해당합니다.
問... 왜 그렇게 말씀하십니까?
答... (부처님 앞에서 부처님께) 절을 하는 것에는 두 가지가 있습니다.

첫째는 예경드리는 것입니다. 무엇이 예경드리는 것이냐 하면, 부처님과 부처님이 가르치신 법과 그 부처님과 그 법을 따르는 승가〔공동체〕께 드리는 예경인데, 즉 삼보에 대한 예경입니다. 이 삼보에 대한 예경으로는 부처님 앞에 나오기 전에 이미 음식과 의약과 가사와 발우와 기타 등등을 살펴서 모자라지 않게 채워 드리는 것을 마치고 부처님 앞에 나와 부처님께 절을 하여 물러나는 것을 순예경이라 하고, 먼저 부처님 앞에 나아가 절을 하고 물러 나와서 음식이나 의약 등을 모자라지 않게 채워 드리는 것을 역예경이라 합니다.

그런데, 순예경이든 역예경이든, 하루 종일 부처님 앞에서 절만 해 댄다면, 생각해 보십시오. 부처님이 그런 절을 하루 종일 받으려고 앉아 계셔야 합니까? 절은 받는 대상이 반드시 있어야 하는 법인데, 그 절을 받는 부처님이 진실로 살아 계시다면 그 얼마나 피곤한 일이겠습니까? 게다가 하루 이틀도 아니고 이십일일, 백일, 계속 그렇게 해보십시오. 부처님이야 피곤하시든 말든 나는 절을 하고 싶으니 받으십시오 하고 냅다 절을 한다면 이것은 부처님을 살펴 드리지 못하는 우직한 일입니다. 부처님께 이러한 절을 드렸다는 사람을 저는 아직까지 들어 보지 못했으니, 저는 모르겠습니다. 그렇다면 왜 큰스님께는 그렇게 안 하는지 모르겠습니다. 어디 한번 큰스님을 앞에 모셔놓고 그리하라 해 보십시오. 이 이치가 틀린지 아닌지를 금방 알 것입니다.

또한 다른 한편, 저 앞의 부처님은 돌이나 쇠로 만든 것인데 부처님은 피곤할 리가 없으니 하루 종일 절을 한다 해도 상관없다 한다면, 분명히 앞의 부처님을 돌로 보면서 부처님이라 여겨 절을 하는 것이니 설령, 자기의 전오식이나, 의식, 말나식은 속일 수 있을지 모르나, 아뢰야식이야 속일 수 있겠습니까? 아뢰야식은 모월 모일에 반드시 그에게 물을 것입니다.

둘째는 절을 하는 것으로 수행을 삼는 것입니다. 수행의 문이 따로 있는 것이 아니므로 절 하는 것 자체를 수행삼아 절을 하는 것입니다. 그러나, 이 경우에도 역시 앞의 무례를 범하고서야 할 수 있는 일입니다. 절을 하는 것이 설마하니 허리를 굽혔다 폈다 하는 동작을 말하는 것이 아닌 바에야, 부처님 받으라고 하는 것인데, 부처님 앞에서 하루 종일 절을 해댄다면 하는 사람이야 수행으로 한다지만, 받는 부처님이야 무슨 죄가 있습니까? 이 역시 앞의 부처님은 돌이나 쇠로 만든 부처님이니 무슨 상관이 있으리요 하는 전제 하에서 내 일만 하는 것에 해당합니다.

그럼 이 일을 그렇게 가르치신 그 큰스님을 모셔 놓고 한다면 더 효과가 만점일 텐데 왜 아무도 자기를 내어 주어서 108배를 하라거나 3천배를 하라거나 하지 않습니까? 역시 다른 것은 다 속여도 아뢰야식은 속이지 못할 것입니다.

또한 만일 절을 하는 것이 진실로 좋은 수행방법이라 한다면, 부처님께서 반드시 사념처 수행을 말씀하시기 전에 먼저 절을 108번이나 3천 번을 하라고 일렀을 텐데, 저는 아직까지 경전을 다 보지 못해서 그런지 그런 대목은 읽어보지 못했습니다.

또한 만일 스스로 고려하기를, "내가 절을 하는 것은 스스로의 자성불에 하는 것이다"고 수행을 삼는다면, 그 절을 받아야 할 자성불이 지금 어디 있습니까? 자성불은커녕 온갖 망상들이 가득한 스스로에게 절을 하면서 자성불에게 절을 하는 것이라고 여기는 것이니 서로 속이고 속이는 일밖에 더는 없을 것 아닙니까? 자성불에게 절을 한다면 반드시 먼저 자성불을 모시고서야 할 일이지 중생을 들어서 앉혀 놓고 할 일이 아닐 것입니다. 이는 우매함 그 자체입니다. 이 일은 매우 간단합니다. 스스로 살펴보십시오. 스스로 부처님〔自性佛〕이 되었는지 아닌지를⋯.

이 두 가지 경우를 보아도 이른바, 108배니 3천배니 하는 것이 경우에 합당한 것이 아님을 알 수 있습니다. 언젠가 제가 말했지만, 보건체조에 해당합니다. 그 체조의 종목 이름이 '절'이라는 것 말고는 다른 게 없습니다.

問⋯ 혹시, 업장이 소멸되거나 업장이 녹는 효과는 있지 않겠습니까?

答⋯ 흔히들 업과 업장을 같이 써서 업장을 녹인다 소멸한다고들 하는 것 같습니다만, 업장은 번뇌입니다. 번뇌는 업으로 인한 것입니다. 따라서 위와 같이 절 그 자체가 번거로운 일이니 업장은 소멸되지 않습니다. 백 번 양보하여 업장은 소멸한다 치더라도 업은 소멸되지 않습니다. 업이 소멸되지 않는다는 것을 바로 아는 것이 하나의 깨달음입니다.

그 어떤 핵무기를 쓴다 해도 이 세상의 지수화풍은 소멸되거나 녹아내리지 않습니다. 그것은 이 세상이 바로 지수화풍으로 되어 있기 때문입니다.

　그 어떤 수행을 한다 하더라도 업은 건재합니다. 그것은 수행이 바로 증명해 줍니다. 만일 업을 소멸한다고 한다면 업의 보(報)도 따라서 소멸해야 합니다. 마치 불이 소멸한다면 뜨거움도 소멸하여야 하는 것처럼 말입니다. 그렇다면 부처님은 왜 그때 마맥(말이 먹는 거친 겨)을 석 달 동안 드셔야 했으며, 조국인 카필라 나라가 침략 받았을 때에 보고만 계셨습니까? 부처님의 깨달음이 오늘날의 절수행자들의 깨달음만 못하여 업을 소멸시키지 못하여 그런 보를 받으셨습니까?

　問... 업(장)이야 그렇다 하더라도, 절을 한 그 공덕이야 남지 않겠습니까?

　答... 당신은 모래로 밥을 찌다가 안 되면 누룽지라도 남는다고 생각하십니까?

　問... 그렇다면 어떤 것이 바른 수행입니까?

　答... 팔정도가 바른 수행입니다.

　問... 무엇이 팔정도입니까?

　答... 여덟 가지를 팔(八)이라 하고, 구부러지지 않은 것을 정(正)이라 하고 수행을 도(道)라 하는데, 여덟이라 하지만 사실은 셋을 나눈 것에 불과합니다.

　問... 무엇이 셋입니까?

答… 계(戒)와 정(定)과 혜(慧)입니다.

問… 어떻게 하는 것입니까?

答… 구부러지지 않은 견해로 계(戒)를 보아야 합니다〔正見〕.

구부러지지 않은 마음으로 계를 사유해야 합니다〔正思〕.

구부러지지 않은 언어로 계를 말해야 합니다〔正語〕.

구부러지지 않은 몸과 말과 뜻으로 계를 지켜나가야 합니다〔正業〕.

구부러지지 않은 믿음으로 목숨을 들어 계에 돌아가 의지해야 합니다〔正命〕.

구부러지지 않은 용맹심으로 계에서 물러나지 않아야 합니다〔正精進〕.

구부러지지 않은 간절함으로 계를 염두에 두어야 합니다〔正念〕.

구부러지지 않은 절개로 계의 자리에 앉아야 합니다〔正定〕.

정(定)과 혜(慧)도 마찬가지입니다.

무릇 석가모니부처님의 이름으로 지켜지는 모든 도량은 삼학으로 가르치고 삼학을 배우며 삼학으로 들어가고 삼학에 머물러야 진정한 의미의 도량일 것입니다.

쌀독을 열어봤을 때에, 비록 쌀 속에 겨가 섞여 있다 하더라도 쌀이 많아야지 겨가 많아서는 그것을 쌀독이라 할 수 없는 것처럼, 부처님 도량에 부처님의 가르침이 많아야지 부처님이 가르치지도 않은 절들이 더 많아서는 그곳을 도량이라 할 수는 없습니다. 이를테면 내 한마음이 계와 정과 혜에 구부러지지 않으면 이 마음이 곧 좋은 도량이요, 내 한마음이 구부러진 계와 정과 혜를 가지고 허리를 굽혔다 폈다 한다면 그곳이 죽림정사라 할지라도 그대로 구부러진 도량일 것입니다. 부디 살펴보시기 바랍니다.

13
어떤 법문

그저께 밤 일.

큰아이는 학원 가고 이제 초등학교 3학년인 작은 아이 혼자 밤늦게 집을 보고 있었다. 내가 집에 들어서자마자 반기며 안기는 것을 이층으로 올라가 이를 닦게 하였는데, 이 녀석이 겁이 많아 세수하다 말고 제대로 닦지도 않고 후다닥 아래층으로 내려왔다.

안 그래도 평소부터 작은 아이가 겁이 많은 것을 언젠가는 고쳐주어야겠다 맘먹고 있었던 나는, 호되게 꾸짖으며 방과 거실 불을 모두 꺼놓고 작은 아이를 가부좌로 앉게 하여 가르쳤다. 회초리를 손에 들고….

"너 이 놈, 이 회초리가 보이느냐?"

"네 보여요." (울먹울먹)

"무서움은 보이느냐?"

"아니요. 보이지 않아요."

"그러면 보이는 이 회초리가 무서우냐 아니면 보이지 않는 무서움이 더 무서우냐?"

"회초리가 더 무서워요."

"그래. 보이지 않는 것을 무서워하는 것은 소나 돼지나 닭같이 어리석은 것들이 하는 일이다. 너는 사람인데 소나 돼지나 닭처럼 보이지 않는 것으로 무서워하면 되겠니? 너는 아까 무엇 때문에 무서워한 것이냐?"

"만화책을 보았는데 거기에 무서운 귀신이 나와 아이들을 괴롭히는 것이 생각나서 무서웠어요."

"그럼 그 만화책 장면을 다시 생각하거라."

아이는 컴컴한 곳에서 가부좌를 튼 채 나의 윽박지르는 소리에 쫓겨 실시한다.

"생각하고 있니?"

"네. 생각하고 있어요."

"무섭니?"

"네, 무서워요."

"그 무서운 생각에 대고, '나무아미타불!' 하거라."

아이는 조용히 '나무아미타불'을 부르기 시작했다.

"무서운 생각이 없어질 때까지 하거라."

한참 후,

"이제 무서운 생각이 없어졌어요."

"그러면 다시 그 무서운 만화책을 떠올리고 무서운 생각이 나는지 안 나는지 살펴보아라."

"…."

"무섭니?"

"네. 무서워요."

"다시 '나무아미타불' 하거라."

아이는 다시 '나무아미타불' 한다.

몇 번 하고 난 후, 내가 다시 물었다.

"아직도 무섭니?"

"아니요, 이제 무섭지 않아요."

"아까 그 무섭다는 생각이 어디로 갔니?"

"없어졌어요."

"그럼, 그 무서운 생각이 발이 달려 왔다갔다 한 거니?"

"아니요. 그냥 생각이예요."

"승인아, 앞으로는 무서우면 절대 도망가서는 안 된다. 혼자 있던지 다른 사람하고 같이 있던지 무서우면 절대 도망가지 말고 바로 그 자리에 앉거나 서서 무서운 생각을 찾아봐야 한다. 무서운 생각이 어디엔가 있으니까 무서워하는 것이니까 그 무서운 생각이 발에 있는지 배꼽에 있는지 가슴에 있는지 아니면 머리에 있는지 잘 찾아봐야 해. 만일 무서운 생각이 찾아지면 곧 '나무아미타불' 해라. 알았니?"

문 : 불교란 무엇입니까?
답 : 불교란 부처님 가르침이지요.
문 : 무엇을 가르쳤습니까?
답 : 삼학(三學)을 가르치셨습니다.
문 : 삼학이란 무엇입니까?
답 : 계(戒)와 정(定)과 혜(慧)가 그것입니다.

· 인도 엘로라 석굴.

"네, 아빠. 잘 알았습니다."

"무섭다고 도망가면 더 무서워진단다. 개가 사람이 도망가면 더 빨리 쫓아오지?"

"네."

"그와 같이 무서운 생각은 도망가면 더 빨리 쫓아오는 법이야. 그러니 절대 도망가면 안 돼!"

"네!"

"골통이나 심통날 때에는?"

"골통이나 심통이 날 때에도 찾아봐야 해요. 그래서 찾아지면 '나무아미타불' 해야 해요."

"그래 잘했다. 골통·심통·무서움 이런 것은 다 자기 마음이란다. 자기 마음을 마음대로 하지 못하면 안 되지. 자기 마음이니까 자기 마음대로 할 수 있는 거야. 골통이나 심통이나 무서움이 마음대로 일어났다면 또 마음대로 사라지게도 하는 거야. 그러니까 '나무아미타불' 하니까 처음 무서움이 줄어들고 차차 사라지게 된 거지. 무서움이 따로 손발 달린 것처럼 있었다면 지금은 왜 어디 가고 없는 것이지? 그러니까 무서움이든 골통이든 심통이든 다 자기가 만들어낸 것인 줄 알아야 해. 알겠지?"

"네. 잘 알았어요 아빠. 다음부턴 무서워하지 않을 게요."

"…. 아니야, 다음에 또 무서워할 수 있단다. 다만 또 무서움이 일어나거든 아빠가 가르쳐 준대로 잘 살피고 찾아보고 '나무아미타불' 하라는 말이야. 그렇게 하면 얼마든지 무서운 생각이 나도 겁날 게 없는 것이지.

총알이 아주 많으면 적이 아무리 많이 몰려와도 걱정이 있을까 없을까?"

"걱정이 없어요."

"그래. 무서운 생각이 아무리 나도 잘 살피고 '나무아미타불' 하기만 하면 아무 걱정이 없는 것도 마찬가지이다. 아까 네가 한 것처럼."

아이는 즐거운 듯이 명랑한 표정으로 침대에 들어가고 나는 혼자 앉아 가만히 웃었다.

이 법문은 마흔 살 학자한테도 하기 힘들고, 여든 살 노인도 알아듣기 힘든 것인데, 이제 초등학교 3학년 아이한테 하였고 아이는 잘 알아들은 모양이다.

14
깨달음

아침에 참숯으로 만든 보료를 도톰하게 깔고 앉아 상긋한 바람이 코끝에 머무는 아름다운 촉감을 느끼며 몸과 마음과 호흡을 잡고 애무를 하면서 혼자 속삭이듯 질문해댔다.

문... 깨달음이란 무엇인가?
답... 깨달음이란 존재하는 것이다.
문... 왜 깨달음이 곧 존재하는 것인가?
답... 비로소 깨닫기에 비로소 알기에 비로소 존재하는 것이다.
문... 존재하는 것이란 무엇인가?
답... 존재하는 것이란 깨닫는 것이다.
문... 왜 그런가?
답... 깨달음 그 자체가 곧 존재이기 때문이다.

문... 중생은 깨달음이 없는 데 그러면 중생들은 왜 저렇게 버젓이 존재하고 있는가?

답... 중생이라고 아주 깨달음이 없는 것이 아니다. 중생들도 일정한 깨달음은 가지고 있기 때문에 존재하는 것이다. 일정한 깨달음이란 바로 '안 · 비 · 설 · 신 · 의(眼耳鼻舌身意)'이다.

눈을 깨달으므로 눈이 있는(존재) 것이다.

귀를 깨달으므로 귀가 있는 것이다.

코를 깨달으므로 코가 있는 것이다.

혀를 깨달으므로 혀가 있는 것이다.

몸을 깨달으므로 몸이 있는 것이다.

뜻을 깨달으므로 법이 있는 것이다.

눈을 깨닫지 못하면 눈이라는 기관이 있어도 보지 못한다. 그러므로 그에게는 눈이 없는(비존재) 것이다. 눈이 없기 때문에 눈의 세계도 없다. 그는 보지 못한다.

이와 같이 다른 것도 마찬가지이다.

문... 눈을 깨닫지 못하면 눈이라는 기관이 있어도 보지 못한다고 한다면, 사람마다 짐승마다 다 먼저 자기의 눈을 깨닫고 본다는 말인가? 그러는 사람은 없다.

답... 깨닫는다고 하는 것은 신경의 작용이 아니다. 깨달음은 신경의 길을 거쳐 운동하는 것이 아니다. 신경의 길을 거쳐 인식하는 것은 그 신경의 길 역시 깨달음이 포장해 놓은 것이기 때문에 모두 다 결과물일 뿐이다. 눈을 먼저 깨닫고 보는 것이 아니라, 깨달은 결과로서 눈이 있게 되고 눈이 있게 된 결과로서 보는 것이며 보는 결과로서 아는 것이고 아는 결과로서 소득하는 것이고 소득하는 결과로서 생로병사 하는 것이다.

그러므로 자기가 깨달은 만큼만 눈맵시가 형성되고, 자기가 깨달은 만큼만 보이고, 자기가 깨달은 만큼만 인식하고, 자기가 깨달은 만큼만 지혜를 가지고, 자기가 깨달은 만큼만 이해하고, 자기가 깨달은 만큼만 (눈의) 세계가 펼쳐진다. 그 깨달음에서 결코 반발자국도 더 옮기지 못한다. 이것이 바로 그대의 세계이다. 그대의 가치관이다. 그대의 성향이다. 그대의 몸이고 그대의 마음이다. 그대의 운명이고 그대의 전부이다. 이에서 더는 없다.

거칠게 깨달으면 안이비설신의요,
미세하게 깨달으면 범아일여(梵我一如)이며,
더욱 미세하면 비상비비상(非想非非想:의식도 아니고 그렇다고 무의식도 아닌 경계)인데, 다 한마음의 그릇 안의 일이다. 마치 한 바다 안에서 큰 파도와 작은 파도가 날마다 생멸하는 것처럼…. 일어나되, 그것이 작은 것이면 작은 파도, 큰 것이면 큰 파도이지마는 다 한 바다 안에서 일어나고 사라지는 모습인 것과 같다. 그러므로 마땅히 알라! 깨달음이란 것 역시 허망하다. 얻을 것이 따로 없다[以無所得故]는 반야심경의 말씀이란 바로 이 뜻이다.

그러나 또 한편, 허망한 것으로 허망한 것을 다스리는 이것이 그 아니 묘한가! 이른바 묘법(妙法)이라 하는 것이다.

 아!
 오늘은 청계사 가는 길에 조그만 들꽃이나 만나 이야기해야지…. 내 말 알아들을 사람 흔치 않다고 슬퍼하지만 말고 —.

15
성향(性向)

    오늘 어떤 사람이 찾아왔다. 아주 오랜만에 보게 된 반가운 얼굴이었다. 약 6~7년 전에 같은 직장에 근무하던 사람인데 관리부 일을 보던 사람이다. 명문대 법대를 나와 간부구인 광고를 보고 찾아온 것을 내가 면접을 보고 채용품의를 올렸다. 그때 위에서 부결 처리된 것을 강력히 건의하여 다시 재심하여 채용하였다. 그렇게 하여 같이 일하게 되었다고 해서 그는 늘 나에게 존경하는 마음과 감사하는 마음을 나타내곤 했다. 다른 사람에게는 그렇게 까탈스럽다가도(사실 너무 까탈스런 사람이란 걸 나중에 알게 되어 골치가 아플 정도였다) 내가 들어서면 군말없이 일을 처리하여 주었다. 그에겐 나의 권위가 먹혔던 사람이었다.

    결국 그 까탈스러움이 그를 오래 버티지 못하게 하여 2년쯤 일하다가 다른 직장으로 옮겼다. 나 또한 그 회사를 나오게 되어 그동안 볼 수 없었는데 나를 잘 아는 사람을 우연히 지하철에서 만나 연락처를 알았노라며 일부러 시간을 내어 사무실을 찾아와 준 것이다.

뜻밖에 만난 사람이라 무척 반가웠다. 서로 악수하곤 인사를 주고받으며 앉기를 청했다. 이런저런 이야기를 두서없이 하다가 작년에 이혼했다는 말을 했다. 나는 깜짝 놀라며 눈을 똥그랗게 뜬 채, "아니, 금슬이 좋기로 소문이 자자했던 당신이 어떻게…?" 하며 입을 다물고 말았다.

그는 사원아파트에 살았기 때문에 가끔 방문하면 정말이지 그렇게 부부사이가 좋을 수가 없었던 것을 기억하는 나로서는 뜻밖이었다. 녹차 한 잔을 내었더니 후후 입으로 불며 천천히 마시면서 그는 아주 슬픈, 그러나 결연한 입술을 감추지 않은 채 서서히 이혼사유를 드러내었다.

회사 다니다가 뜻한 바가 있어 사무실을 하나 내고 자기 일을 하려고 하였는데, 거기서부터 뜻이 맞지 않아 티격태격했다. 그러다가 그는 사무실 오픈을 강행하고, 비즈니스로 미국엘 3개월 갔다 오니, 부인이 그만 이혼하자고 하더란 것이다. 그래서 어이없어 하던 참에 이유를 알고 보니 부인에게 다른 남자가 생겼다는 것이었다. 고등학생인 아들을 데리고 살겠다며 이혼을 요구하는 아내에게 너무 실망하여 자포자기한 채 이혼을 하였노라고 하며 말을 하는 그의 눈가에 이슬이 붉게 맺히는 것을 보고 마음의 상처가 얼마나 심했는지를 짐작하고도 남았다.

녹차가 다 식을 때쯤 그는 무리에서 떨어져 나온 하이에나의 눈빛으로 나에게 물었다.

방문자... 유마님, 세상 모든 여자들이 다 그런다고 해도 내 마누라는 그러지 않을 줄 알았습니다(눈물짓는다). 그 후 여자들이라면 다 그렇고 그렇게 보여 만나기도 겁이 납니다. 처음엔 복수심 같은 것이 치밀어 올라 아주 빠른 시일 안에 다른 여자와 결혼해 버리리라 생각했습니다만, 내 아내가 그런데 다른 여자들은 어떨 것인가를 생각하니 좌절감이 더 큰 문제로 떠오르더군요. 유마님, 도대체 세상 여자들은 다 그런 것입니까?

유마... 네. 아마 다 그럴 것입니다.

방문자... ?

유마... 제 말은 여자 남자 할 것 없이 다 그럴 것이라는 말입니다..

방문자... 그러면 제가 외람되게 묻겠습니다만, 유마님 부인을 포함해서 그런 말씀을 하신다고 들어도 되겠습니까?

유마... ^^! 예. 제 아내를 포함해서 말을 하는 것입니다.

방문자... 유마님! 실례의 말씀입니다만, 제가 만일 이혼 전에 제 아내가 그런 여자에 포함된다는 것을 알고 있었다면, 제가 먼저 이혼했을 것입니다. 그런데 유마님은…?

유마... 당신이 만일 이혼 전에 당신의 아내가 그런 범주에 포함된다는 것을 알았다면 이혼했을 것이고, 몰랐어도 지금 이혼한 것이니 그 두 경우에 다 차별이 없는 결과가 나왔습니다.

방문자... …! 그렇다면 누가 자기 아내를 믿고 같이 살 수가 있겠습니까?

유마... 남편이 믿고 삽니다.

방문자... 방금 유마님은 유마님의 부인조차도 그런 범주에, 즉 실례의 말씀입니다만, '다 그런 여자'에 포함시켜 말씀하시지 않으셨습니까? 그런데 어떻게 믿는다고 할 수 있습니까?

유마... 그렇군요. 아마 정확히는 믿는 데까지 믿어 보는 수밖에 없다고 해야겠군요(둘이 웃음). 사실 제가 말한 '믿음'은 약간 냉소적인 것이 섞여 있습니다. 그것은 입장을 바꾸어 제 아내의 경우도 마찬가지입니다. 아내의 입장에서 나에 대한 아내의 믿음은 충분히 냉소적인 것일 수 있습니다. 믿기는 하지만 언약된 믿음이기 때문에 항상 깨어져 나갈 소지가 있다고 각오하고 들이미는 믿음이다 이 말씀입니다. 마치 어음이나 가계수표와 같은 것이지요. 아마 이렇게 알고 있어야 느닷없이 들이닥치는 부도수표에 대한 충격을 감당할 수 있을지 모르겠습니다.

어쨌든, 여자는(또는 남자는) 다음의 네 가지 조건이 충족되면 예외 없이 믿음이 옮겨집니다. 즉 소위 바람이 납니다.

방문자... (바싹 다가앉으며)그게 뭡니까?

유마... 첫째는 분위기입니다. 여자는 분위기가 주어지면 현실로 착각하는 병에 아주 잘 걸리고 맙니다. 즉 현실이 그야말로 지조(志操) 그 자체인 셈이지요. 이것은 남자에게보다는 특히 여자에게 유난합니다. 그러나 광범위한 의미로는 이것은 곧 여건이라는 단어로 대체된다고 말하고 싶군요. 이를테면 나이트클럽 같은 델 가면 이 여건은 상당히 성숙된 것에 근접했다고 할 수 있겠군요.

둘째는 적당한 파트너입니다. '적당한'이라는 표현이 맘에 안 들면

깨달음이란 존재하는 것이다.
　존재하는 것이란 깨닫는 것이다.
눈을 깨달으므로 눈이 있는 것이다. 귀를 깨달으므로 귀가 있는 것이다.
　코를 깨달으므로 코가 있는 것이다. 혀를 깨달으므로 혀가 있는 것이다.
몸을 깨달으므로 몸이 있는 것이다. 뜻을 깨달으므로 법이 있는 것이다.

· 인도 기원정사 아난다 보리수.

'운명적인'으로 바꿔 표현해도 좋습니다. 그래서 흔히들 첫눈에 반한 사람, 이상형의 사람, 또는 운명적인 사람이라고들 고쳐 부르기도 합디다만, 어떻게 고쳐 부르던지 그것은 적당한 파트너에 불과합니다.

셋째는 가장 중요하다고 할 수도 있겠습니다만, 영구적 비밀 보장입니다. 아무에게도 알려지지도 않고 아무도 알 수가 없는 일이라고 보장된다면, 처녀는 처녀성을, 유부녀는 정절(貞節)을 의심받을까 걱정하지 않아도 되는 고난도의 처세술을 부리게 됩니다.

이 세 가지는 외연(外緣)입니다. 나머지 한 가지는 내인(內因)인데, 바로 성향이라는 것입니다. 좀 생물학적으로 말한다면 일종의 DNA 같은 것이지요.

이 네 가지에 의해서 사람은 예외 없이 정절을 바꾸어 탑니다. 바꾸어 탄다는 말은 정절을 그대로 가지고 다른 곳에 써먹는다는 말입니다. 그(녀)는 그 새로운 곳에 다시 자기의 정절을 심기 바랍니다. 이러기를 여러 번 반복하면서도 조금도 자기의 진실성을 의심하지 않습니다. 항상 말하기를, '당신을 진실로 사랑한다' 입니다. (둘이 웃음)

이러한 성향에 비스듬히 기대어 걸치듯이 나풀거리는 지조·정조·순결 등의 우리가 일반적으로 기대하는 아름다운 단어는 아무리 그것을 돋보이게 하는 보석 같은 것일지라도 다만 악세사리 같은 것에 불과합니다. 그녀의 몸에서 얼마든지 분리할 수 있는 것입니다. 실제로 우리 중전〔아내〕도 밤에는 모든 악세사리를 몸에서 떼어놓고 잡니다.

귀걸이는 벗어서 화장대 위에 얹어 놓고, 목걸이는 풀어서 좀 비싼

것은 화장갑 안에 집어 넣으며 싼 것은 그냥 아무렇게 벗어 놓으면 언제 다시 신경이나 쓰겠습니까?(둘이 웃음)

어때요? 좀 위로가 됩니까? ^^

방문자... 저를 위로하느라고 하신 말씀입니까?

유마... (손을 휘휘 내저으며)아닙니다. 결코 그건 아닙니다. 제가 한 말은 진실입니다.

방문자... 그러면 정말로 세상 모든 여자들이 예외없이 다 그렇다는 말씀인가요?

유마... 어디 여자뿐이겠습니까? 남자도 마찬가지입니다. 어디 사람뿐이겠습니까? 사람·원숭이 할 것 없이 다 하는 짓들이 그렇습니다.

방문자... 아무리 제가 이혼을 했다 하지만, 그건 유마님의 지나친, 좀 극단적인 단정 같아 보입니다. 지조와 정조와 순결 등을 악세사리가 아닌 몸에서 떼어놓을 수 없는 DNA로 고루 갖춘 여자들도 비록 소수이긴 하겠지만 있을 것입니다.

유마... 인간의 DNA 속에는 그런 소수의 것이 존재하지 않습니다.

방문자... (너무 어이없어 하는 듯…)

유마... 놀라지 마십시오. 그러므로 부르기를 인간이라 부르는 것입니다. 그러니까 즉 그런 성향의 DNA를 가지고 있기 때문에 비로소 인간이라 하는 것입니다. 이것은 이 욕계(欲界)에 들어 사는 모든 중생들의 공통된 운명 같은 것입니다. 욕계에 사는 목숨인 한은 그런 성향은 내재적 (內在的)인 인자(因子)로 함축하고 태어나는 것입니다. 다만 그 정도에 있어서 강·중·약이 있을 뿐입니다. 바로 고상함과 평범함과 천박함을 결정하는 것입니다. 도덕성과 절제가 강하면 고상하다 하고, 중이면 평범하다 하며, 약하면 그를 천박하다 할 뿐입니다. 여기 성냥갑과 성냥개비와 부딪힘이 있다고 칩시다. 당신은 어떻게 생각합니까? 그것에서 불이 나겠습니까?

방문자… 예. 불이 납니다.

유마… 예외 없이 불이 날까요?

방문자… (잠시 생각하다가) 불이 나는 경우가 많습니다만 예외도 있습니다.

유마… 어떤 경우에는 불이 나고 어떤 경우에는 불이 안 납니까?

방문자… 성냥갑에 화약이 충분히 묻어 있고, 성냥개비에도 화약이 충분히 묻어 있고, 그리고 젖지 않았고, 그어대는 힘이 충분하면 불이 일어나고, 그렇지 않은 경우에는 불발이 될 수도 있습니다.

유마… 잘 보셨습니다. 성냥갑의 화약은 나의 성향입니다. 성냥개비의 화약은 파트너의 성향입니다. 젖지 않거나 그어대는 것은 분위기입니다. 여기에 비밀이 보장된다고 할 것 같으면 불장난하지 않을 사람이 거의 없습니다.

실제로 이 세상은 온통 불타는 것으로 가득 차 있습니다. 그 속에 자기인들 멀쩡할 리가 있을 것인가 생각해 보면, 나의 아내라고 온전할 리가 없다고 보는 것이 정직한 견해일 것입니다. 다만 그 여건을 피하도록 권고할 뿐입니다. 안과 밖이 만나면 불이 타는 것을 피할 수 없습니다.

눈이 사물을 만나면 아름다움과 추함〔美醜〕의 불이 탑니다.
귀가 소리를 만나면 좋음과 싫어함〔好惡〕의 불이 탑니다.
코가 냄새를 만나면 향기로움과 비린내의 불이 탑니다.
혀가 맛을 만나면 달고 씀의 불이 탑니다.
몸이 촉감을 만나면 부드러움과 거침의 불이 탑니다.
뜻이 생각을 만나면 선과 악의 불이 탑니다.

이렇게 불에 타 들어가는 몸들끼리 성냥갑과 성냥개비처럼 만나 그어대면 속절없이 불이 타고 마는 것을, 이것에다 대고 나는 어떻다 너는 어떻다 내 아내는 이렇다 네 아내는 저렇다 해본들 다시 또 하나의 불꽃의 오고 감이 있을 뿐, 괴로움이 줄어드는 것과는 아무런 상관이 없습니다. 아무도 이것을 깨닫지 못하여 스스로 물을 적셔 몸을 서늘하게 하고 마음을 고요하게 하여 행복하려고 노력하는 사람이 드뭅니다.

성냥갑이나 성냥개비 어느 한쪽에만이라도 만일 물이 촉촉이 새벽이슬처럼 배어 있다면 아무리 그어대는 동작이 있다 해도, 또 아무리 비밀이 보장된다 해도 거기에는 불이 일어나지 않습니다.

해서, 불법(佛法)은 감로수(甘露水)의 물입니다. 사유(思惟)하고 선정(禪定)을 익히며 염불(念佛)을 놓지 않는 것은 더할 수 없이 시원한 감로수의 물을 몸과 마음에 촉촉이 뿌려, 한 올의 먼지의 생각도 일어나지 않게 자신을 다스리는 것이니, 마치 젖은 대지에선 천군만마가 지나간다 하여도 먼지가 일어나지 않음과 같고, 축축한 성냥에선 불이 일어나지 않는 것과 같습니다.

먼저 그와 같음(사람의 성향이)을 보는 것은 괴로움을 괴로움으로 잘 보는 것과 같고, 중간에 여건이 그와 같음을 보는 것은 괴로움에는 원인이 있다는 것을 잘 보는 것과 같고, 나중에 잘 사유하기를, '이것이 바로 법이다!'라고 아는 것은 괴로움을 없애는 길임을 밝히 믿고 따라가는 것과 같으니, 우리는 이것을 불교라 합니다.

당신에게만, 그리고 당신의 아내에게만 있는 부정(不貞)함에서 비롯된 것이 아니라, 다만 그럴 만한 여건에 노출되었던 것임을 이해하도록 하십시오. 남편은 부정함이라고 했지만, 그녀의 입장에서 보면 순수한 사랑일 수도 있습니다. 다만 당신이 그녀가 다른 사람을 사랑하는 것을 인정해 주지 못했기 때문에 쓴 표현입니다. 그것을 인정할 줄만 안다면, 이 세상은 당신의 마음이 넓어지는 딱 그만큼 좀 넉넉해질 것입니다. 우리는 사람의 성향을 잘 이해해야 합니다.

당신이 아까 말했듯이 이 지구상에서 아주 '소수의 사람들', 그들만이 불타는 집을 나와 서늘함을 즐길 뿐입니다. 아주 소수의 그 사람들을 당신은 만날 수 있겠습니까? 그가 바로 당신이 그토록 그리고 바라던 바로 그 동반자이며 아내이며 연인이며 그리고 도반(道伴)일 테지만, 우리들은 아마도 삼천 년에 한 번이나 그런 상대를 만날 수 있을지….

이렇게 희귀하게 만나는 인연이니 금생에 그런 사람 못 만났다고 너무 실망하지 마십시오. 그런 사람 있을까 말까 한 확률을 기다리느라고 더 외로워져 있을 것을 생각해 보면 차라리 이러구리 헤어질 망정 배반의 장미가 가득 피어 있는 뜰에 사는 것도 받아 마셔야만 하는 그리스도의 고배

(苦盃)인지 모릅니다. 즉, 세상에 태어난 대가 같은 것입니다.

배반의 만남도 다 저마다 인연에서 비롯한 것입니다. 마치 저 여자가 네 가지의 인연으로 그리하는 것처럼…. 알고 보면 인연의 희생자들인 셈입니다. 그 인(因)과 연(緣)이 바로 자기 한마음인 것을 모르고….

방문자… 인연이 자기 한마음이라고 한다면 결국 저의 일도 다 아내와 저의 마음이었겠군요. 그것은 또 결국 저와 아내의 성향이었다는 말씀입니까?

유마… ^^! 당신은 눈치가 아주 빠르십니다. 혹시 법대를 나와서 그렇습니까? 하하하….

(그는 고개를 연신 끄덕이며 마치 다 이해하는 듯한 동작을 보였지만, '사람의 성향이란 본래 그런 것'이다 라는 말에는 의문이, 아니 냉소적으로 보고 있었던 것 같았다. 그래서 물었을까?)

방문자… 부처의 눈에는 부처만 보이고 돼지의 눈에는 똥만 보인다고 했는데 혹시…, 유마님께서 사람의 본성을 그렇게 보는 것은 유마님의 눈으로 보는 까닭 아닙니까?

유마… 잘 맞추었습니다. 나의 눈으로 본 세상은 언제나 불타고 있다고 보이며, 나의 눈으로 본 여자는 언제나 성향에 불타고 있다고 보이며, 나의 눈으로 본 나는 언제나 '불타는 집'에 들어앉아 욕락을 즐기는 사람으로 보입니다. 그래서 나는 일정하게 그런 것들을 뜨겁게 보고 피하고 있습니다. 그러나 간신히 화상이나 면할 수 있을는지 모르겠습니다. 허허….

방문자는 시간이 되어 떠나고 유마는 남아 자기의 것들에 비추어 가만히 되새겨 보니, '아, 나는 비록 지혜자는 아니지만, 이 얼마나 현명한가!' 절로 감탄이 쏟아져 나왔다.

16
웃다가 울다가

『전등록(傳燈錄)』을 읽다가 웃다가 울었다.

마조스님 아래 등은봉(鄧隱峰)이라는 좀 둔한 스님이 있었다. 등은봉이 하루는 조그마한 손수레로 돌멩이를 나르는 울력(運力)을 하고 있었는데, 외길에 스승인 마조스님이 다리를 쭉 뻗고 앉아 쉬고 있는 것이었다. 무거운 손수레를 끌고 가던 탄력이 멈추면 다시 끄는데 힘도 들것 같고, 멈추기도 그래서 스승인 마조스님께 소리치며 외쳤다.

"큰스님, 다리를 오므리세요!"

마조스님이 대답했다.

"한 번 편 다리는 오므리지 못한다."

등은봉이 다시 말했다.

"한 번 가는 수레는 멈추지 못합니다" 하면서 그대로 스승인 마조스님의 다리를 깔아뭉개며 지나가 버렸다. 크게 다친 마조스님은 저녁 법문에 상당(上堂: 법상에 오름)하여 시퍼런 도끼를 내리치며 소리쳤다.

"아까 낮에 내 다리를 다치게 한 놈 나와라!"

대중들이 시퍼런 도끼를 휘두르며 고래고래 소리치는 마조스님의 위력에 놀라 떨고 있을 때 등은봉이 앞으로 쑥 나서며 잠자코 목을 내밀었다.

이 무슨 뜻인가?
네 다리도 네 다리가 아니요, 내 수레도 내 수레가 아니다.
네 도끼도 네 도끼가 아니요, 내 목도 내 목이 아니다라는 뜻이 아닌가!

때가 되어 죽을 때에 등은봉이 제자들에게 물었다.
"앉아서 죽은 사람이 있는가?"
제자들이 대답했다.
"앉아서 죽은 사람은 많습니다."
"서서 죽은 사람은 있는가?"
"서서 죽은 사람도 있습니다."
"거꾸로 물구나무서서 죽은 사람이 있는가?"
"거꾸로 물구나무서서 죽은 사람은 없습니다."
그러자 그는 거꾸로 물구나무서서 죽어버렸다.

이 대목에서 나는 목놓아 웃었다.

그리고는 이내 목놓아 울어버렸다.

통쾌하여 웃었고, 너무 슬퍼 울었다.

그의 세상을 실컷 희롱하는 듯한 죽음이 통쾌했고, 그의 뒤집힌 망상(妄想: 전도망상)을 바로 세울 때의 외로움에 슬퍼 울었다.

세상을 희롱함.

가지고 놈.

종속되지 않음.

끌려가지 않음.

한칼에 베어버림.

이 얼마나 장쾌한 장부의 한 칼날인가!

전도망상을 바로 세움.

아무도 그 뜻을 알아주지 않음.

눈치도 못 챔.

바로〔正〕와 거꾸로〔邪〕가 둘이 아님.

여여함.

이 슬픈 동작에 담긴 그 뜻을 살피니 눈물이 샘물처럼 솟구쳤다.

잠시 그 마음을 훔쳤다.

그의 이 뜻을 모르는 사람들이 그를 화장하려고 몸을 바로 세우려고 했으나 도무지 쓰러뜨려지지가 않는 것이다. 아무리 애를 써도 몸은 산처럼 거꾸로 물구나무 선 채 꿈쩍도 않는 것이다. 그도 그럴 것이, 전도망상이 어찌 열반의 마음을 쓰러뜨릴 수 있겠는가! 불가한 노릇이다.

그 많은 머리 빡빡 깎은 대중들 속에 오직 그 자신말고는 전도망상을 떠난 사람이 하나도 없었던 것이다. 이 난감한 노릇을 전해 들은 등은봉 스님의 세속의 누이동생이 또한 일품의 마음씨를 가진 사람이었다. 몸은 세속에 있고 또한 여자였지만, 오라비 못지않은 마음씨를 가진 사람이었다.

그녀가 모든 대중들을 젖히고 앞으로 나와 거꾸로 선 오라비에게 하는 말,

"이 양반이 살아서도 괴상한 일로 사람들을 놀리더니 죽어서까지 놀리려 하는구먼…" 하면서 손가락으로 살짝 밀치니 그제야 그의 몸은 땅에 반듯하게 뉘어졌다.

그대여,

그대와 난 언제 이렇게 만나보랴!

(어디 오늘밤은 내 거꾸로 한 번 서 볼까나…)

17
타심통(他心通)

산본의 중심상가를 바람소리만 살짝 호주머니에 질러넣고 걷다가, 문득 피식하고 웃음이 흘러나왔다. 옆에 같이 가던 나이 어린 친구 하나가 그것을 보고 나에게 묻는다.

"왜 웃으십니까? 갑자기…."

"지나가는 사람들 마음이 보여서 웃는다."

"…? 다른 사람의 마음까지 다 읽으십니까?"

"왜, 너는 못 읽겠니?"

"제가 무슨 도삽니까? 다른 사람의 마음을 읽게…. 유마님은 별난 재주도 다 가지고 계십니다. 어떻게 다른 사람의 마음을 읽습니까? 그럼 지금 제가 무슨 생각을 하고 있는지 어디 한 번 알아 맞춰 보세요?"

"이 친구야, 자네가 무슨 생각을 하고 있는지 내가 어떻게 아나? 사과를 생각하고 있는지 배를 생각하고 있는지…?"

"그럼 아까 사람들의 마음이 보여서 웃는다고 한 것은 무슨 말씀…?"

"내가 본 마음은 지나가 버린 마음이 아니다. 그의 지나가 버린 마음은 당사자조차도 알 수가 없는데 하물며 내가 어떻게 알겠는가? 또 내가 본 마음은 아직 오지 않은 마음도 아니다. 아직 오지 않은 마음은 당사자조차도 알 수가 없는데 내가 어떻게 알겠는가? 내가 본다고 하는 그 마음은 그의 지금 이것이다. 자네도 눈이 있으면 보게나. 저기 지나가는 한 쌍의 연인들, 바로 지금 그것이 보이는가 보이지 않는가?"

"그거야, 내게도 보입니다."

"그러면 그 한 쌍의 마음을 보는 게야. 어떤가 그들의 마음이…? 재미있게 읽히지 않는가? ^^!"

"글쎄요, 저는 아직 잘….."

"^^! 재미있게 보일 날이 있을 거야. 한 치의 속임 없이 나타나는 그들의 마음이 보일 게야. 그게 잘 안 보이는 것은 자네의 마음 때문이야. 지나가는 행인의 발걸음에 자기 마음을 얹어 보면 지금 가는 것이 그인지 나인지 누가 알겠어? 증인이 없는 것이야. 내가 걷는 것인지 그가 걷는 것인지, 이와 같이 삼라만상이 다 지금 이 마음이야. 지금 이 마음. 이것을 염(念)이라고 해. 이 염의 대상을 따라 중생이라 하기도 하고, 염(染)이라 하기도 하고, 정(淨)이라 하기도 하고, 음(淫)이라 하기도 하고, 성(聖)이라 하기도 하는 데, 다 불(佛)만 못 해. 그래서 염불하는 것이 다른 모든 것에 우선하고 · 포섭하고 · 꺾고 · 키우고 · 다스리고 · 거스르고 · 죽이고 · 살

"그의 눈을 봐! 그러면 그의 안식(眼識)이 보여.
눈에 깃든 그의 마음 말이야. 그가 무엇을 '보고자 하는' 마음이 아니라
지금 그가 '보고 있는' 그 마음 말이야.
이와 같이 귀·코·입·몸·뜻을 보면 각각의 그의 지금 마음이 보여.
이것을 염불한다고 하는 거야. 지금 이 마음이 깨달아 있는 것, 그것이 바로 염불이야."

· 인도 기원정사 수잣타장자의 탑.

리는 것이야. 이 많은 지나는 행인들 중에 지금 아무도 염불하는 사람이 없어. 그래서 나는 생각하기를 나 홀로 이 거슬러 오르는 산본에서 지금 부처님을 생각하고 있으니 문득 부처님 하신 말씀이 생각이 나서 웃는 것이야."

"부처님은 그 이름을 얻어듣기도 어렵고, 지니기도 어렵고, 부르기도 어렵고, 생각하고 사유하기도 어렵다'고 하신 말씀 말이야."

"…!"

"항상 살피기를 지금 이 마음만 살펴야 해. 그의 마음이든 내 마음이든 지금 이 마음만 말이야. 이미 지나간 것과 아직 오지 않은 것은 볼 필요도 없어. 봐지지도 않지만 말이야. 그러면 그가 사과를 생각하고 있는지 배를 생각하고 있는지를 아는 것이 '그의 마음을 아는(이해하는) 것'이 아님을 알게 될 거야. 이것을 염불한다고 하는 것이야. 지금 이 마음이 깨달아 있는 것, 그것이 바로 염불이야.

그의 눈을 봐, 그러면 그의 안식(眼識)이 보여. 눈에 깃든 그의 마음 말이야. 그가 무엇을 '보고자 하는' 마음이 아니라 지금 그가 '보고 있는' 그 마음 말이야. 그가 무엇을 보고자 하는 그 마음은 그조차도 장담할 수 없어. 그런데 다른 사람인 내가 어떻게 장담하겠나? 이와 같이 귀·코·입·몸·뜻을 보면 각각의 그의 지금 마음이 보여. 이것을 이해함이라 하는 것이야."

"알 수 없습니다. 저는 그가 말하지 않는 한 그의 마음을 도저히 알 수가 없습니다. 어떻게 이해하겠습니까?"

"이것 봐, 그가 말하고 나서 그를 이해하는 것은 이미 지나가 버린 그를 이해하는 것이야. 결코 '그를' 이해하는 것이 아니야. 이미 그 자신에게서조차 지나가 버린 '그를' 지금의 '그'와 같이 본다면 항상 헛짚게 되어 있어. 어렵게 생각하지 말고 지금 그를 있는 그대로 잘 봐. 그것이 바로 그의 지금 마음이야. 이 마음만 보면 지금 저기 지나가는 처음 보는 그 사람이 나에게 바로 자기의 마음을 보여주며 지나가는 것임을 알게 돼. 비록 타심통(他心通: 다른 중생의 마음을 아는 초능력)에 의한 것은 아니지만, 분명 그것은 마음이라는 것을 알 수 있어. 그의 그림자조차도."

"유마님은 별걸 다 생각하느라고 복잡하겠군요."

"한번 이 마음법에 골몰하면 빠져나갈 수가 없는 것이 또한 독특한 맛이기도 하지. 목숨이라는 거추장스러운 것을 내놓고 보니 거기엔 마음만 뎅그라니 남더군. 남았다고는 하지만 따로 얻어지는 것도 아니지만…."

18
어떤 참회

평소 아는 이가 찾아와 '참회(懺悔)'를 나에게 물었다.

내가 대답하기를,

'참(懺)'은 이미 지은 것을 부끄러워함이고, '회(悔)'는 앞으로 다시 짓지 않겠다고 함이니, 그러므로 '참회'라 합니다.

'참(懺)'은 또 붓다에 대한 믿음을 일으켜 세움을 말하고, '회(悔)'는 이미 얻은 믿음에서 물러서지 않음이니, 그러므로 '참회'라 합니다.

'참(懺)'은 또 모든 것에 자성(自性: 스스로의 성품 : 실체)이 없음을 확실히 보는 것을 말함이고, '회(悔)'는 곧 그윽히 공성(空性)과 계합하는 것을 말함이니, 그러므로 '참회'라 합니다.

'참(懺)'은 또한 아상(我相: 제 잘난 맛) 등의 계박에서 해탈함이요, '회(悔)'는 해탈의 향을 다른 이에게 돌려줌이므로 '참회'라 합니다.

'참(懺)'은 곧 삼세(三世: 과거·현재·미래)에 뛰어남을 말함이요, '회

(悔)'는 곧 시방(十方: 공간)에 현현(現顯)함을 말함이니, 그러므로 '참회'라 합니다.

'참(懺)'은 또 안으로 무아(無我)를 바라봄이요, '회(悔)'는 밖으로 무상(無常)을 꿰뚫어 봄이니, 그러므로 '참회'라 합니다.

이런 까닭에 세상에 온갖 성인(聖人)들마다 '참회'를 권장하였습니다만, 붓다의 '참회'는 참으로 받아들여 볼 만합니다. 마땅히 받아야 할 것들이지마는 받지 않고, 마땅히 져야 할 것들이지마는 지지 않고, 마땅히 가라앉아야 할 무게이지마는 가라앉지 않고 떠 있음이, 마치 저 큰배에 가득 찬 돌멩이와 같으니, 다 참회의 공능(功能)입니다.

그러므로 함부로 뒤로 미루거나 가볍거나 가소롭게 여길 것이 아닙니다.

다만 회한에 차 있는 것만으로 참회를 삼으니 매우 안타까워 드리는 말입니다.

제3장 유마의 산책 散策

百千萬劫難遭遇

1
어떤 영화(AI)를 보고

영화구경을 갔다.
극장에 빈틈없이 들어찬 관객들….
AI(Artificial Intelligence).
스필버그 감독 작품.

물론 이 영화는 먼 미래의 시간을 나타내고 있다. 이미 인류가 거의 멸종위기에 처할 만큼 먼 미래의 이야기로 설정된다. 즉 남극과 북극, 설산의 얼음들이 다 녹아내려 인류의 모든 문명이 거의 반쯤 물에 잠긴 시대였고, 겨우 소수의 뛰어난 사람들만이 생존한 시대의 일이다.

난 스필버그가 좀 유치하다든가, 아니면 재미있는 사람이라든가, 둘 중의 하나라고 단정짓게 만든 영화를 보게 된 것이다. 피노키오를 인조인간 소년 '데이빗'과 닮게 구상한 것하며, 푸른 요정을 찾아 헤매게끔 프로그램화된 인조인간인 데이빗이 동력이 바닥날 때까지 기계적으로 '자기를 사람으로 만들어 달라'고 기도하는 것하며, 그 기도를 들어줄 대상으로 고도로 발달된 외계인을 설정한 것하며, 그 외계인이 자기들을 대신하여 소년 인조인간 데이빗의 소원을 들어줄 푸른 요정을 시켜 이루어지게 한 것하며, 인류문화의 종착지가 결국은 욕망의 주자로 섹스를 선택하여 필름을 돌린 것 등등, 사실 이런 것들은 좀 유치한 구성이라고 보여진다. 하지만 사이사이를 메우는 장면의 매끄러움으로 무난히 그런 (유치한) 무리를 소화시켜 관객들의 감동을 이끌어내는 데는 성공하였다.

그런데 이 영화의 중심 테마는 무엇일까? 나는 첫눈에 보자마자, 그것은 인간의 신앙, 특히 기독교(천주교, 개신교 등)에 대한 말할 수 없이 지독한 냉소를 던지고 있음을 간파했다. 여기서 인조인간은 인간의 열악해진 사회성을 보강시켜 주는 대용물로서 '로빈 박사'에 의하여 창조된다. 이 창조는 인조인간인 소년 데이빗에게는 글자 그대로 태초이며, 데이빗 자기가 알고 있는 태초의 모든 것이다. 그리하여 자기와 같은 또래의 진짜 소년 '마틴'의 "네가 처음 본 것이 무엇이냐?"라는 물음에 대하여, 데이빗은 아주 진지하게 그림을 그려가며 자기의 태초를 그려낸다. 하지만, 마틴이 보기엔 데이빗이 그려낸 태초는 우스꽝스럽고 조잡스런 태초인 것이다. 그것은 로빈 박사가 소속된 회사의 이미지인 심볼 마크에 불과하기 때문이다. 그러나 인조인간 소년 데이빗에게는 자기가 본 태초는 진리 그 자체였을지 모른다.

인조인간 소년 데이빗은 자기가 인간으로서 충실하도록 배정을 받은 엄마가 잠자리에서, 진짜 아들인 마틴에게 읽어주는 동화책 『피노키오』에서, 피노키오가 푸른 요정을 만나서 진짜 사람이 된 것을 듣고는, 그것은 데이빗에게 전율의 복음이 되었다.

　이 보잘것없고 하찮은 인조인간에게 복음이 전파된 것이다. 하잘것없이 여겨지는 비천하여 버려지만도 못한, 피도 식사도 잠도 없는 자기와 같은 인조인간도 저 진짜 아들인 마틴처럼 사람으로 구원받을 수 있다는 복음이 전해진 순간, 인조인간 데이빗은 무섭도록 강한 집착을 드러낸다. '사람이 되어야 한다는…, 진짜 사람이 ….'

　그것이 엄마의 사랑을 받을 수 있는 유일한 길이라는 것을, 우리의 가엾은 인조인간 데이빗은 나중에 낙원인 집에서 황량한 고철더미에 버려진 후에야 확신한다.

　데이빗은 프로그램화된 대로, 자기가 아들로 입양된(사실은 아들의 기능을 수행하도록 된) 집의 엄마의 사랑을 받으려고 갖은 애를 쓰다가, 진짜 아들인 마틴을 물에 빠뜨려 위험에 빠뜨리는 등 말썽만 피우게 되어, 위험한 물건일 수도 있다는 엄마와 아빠의 판단에 따라, 엄마에게서 내다버려진다. 엄마는 데이빗을 처량하기 그지없는 황량한 고철로봇들이 사는 곳에다 버리고 떠나간다. 데이빗의 간절한 목소리를 뒤로 하고…. 에덴동산에서 죽음이 있는 땅으로 버려진 순간이었다. 만약 데이빗이 그 엄마의 사랑을 받으려고 노력하지 않고 온전한 순응만 했더라면, 영원히 낙원에서 죽지 않고 살 수 있었을까?

　프로그램이란 무엇일까? 우리 인간의 생체에 집어넣어진 유전자들의 프로그램은 무엇일까? 우리가 과연 이 지구라는 조그마한 실험실에서, 데이빗과 같은 정형화된 프로그램의 틀에서 문화를 만들고, 과학을 연구하고, 철학과 종교에 심취하고 있다는 것이 합당한 생각이고 옳은 판단일까? 만일 한평생 프로그램화된 삶을 살아가면서도, 다만 '모든 것이 자유적으로 이루어지고 있다'는 착각을 가지게 만드는 프로그램화가 된 채로 살아가는 것이라면, 우리의 삶의 의미와 데이빗의 삶의 의미 사이에는 어떤 차이점이 있을까?

데이빗은 거기 그 고난의 땅에서 고철로 될 고비를 넘기며, 자기를 진짜 사람으로 만들어 줄 푸른 요정을 신앙하게 된다. 푸른 요정만이 자기를 진짜 사람으로 만들어 줄 구세주로서 확신하고 모든 운명을 건다. 옆길도 보지 않고, 이성적이고 경험 많은 어른 인조인간의 경고와 충언에도 아랑곳 않고, 오히려 다른 인조인간들과는 단절된 사상과 집념을 가진 고상한 이방인이 되어, '과감히 안녕!' 하고 결별해 버리는 아집적인 뜨거운 믿음으로 그는 푸른 요정을 찾아 나선다.

데이빗의 푸른 요정을 향한 지극한 찾아 나섬은 성경말씀의 구절을 연상케 한다. '구하라 얻을 것이요, 찾아라 찾을 것이요, 두드려라 열릴 것이다.' 결국 이 말씀대로 데이빗은 자기가 이를 수 있는 최종 목적지에 다다른다. 그곳은 바로 인간의 문명이 한때 찬란했던 과거의 도시, 이미 극점의 얼음이 모두 녹아내려 반쯤 물에 잠긴 커다란 도시였다. 거기에 이르렀을 때 뜻밖의 복병을 만난다. 그것은 자기를 꼭 빼어닮은 또 하나의 형상, 모조 데이빗이었다. 데이빗이 자기에게 푸른 요정이 있는 곳을 알려

프로그램이란 무엇일까? 우리 인간의 생체에 집어넣은 유전자의 프로그램은 무엇일까?
우리가 과연 지구라는 조그마한 실험실에서, 문화를 만들고, 과학을 연구하고,
철학과 종교에 심취하고 있다는 것이 합당한 생각이고 옳은 판단일까?
만일 한평생 프로그램화된 삶을 살아가면서도,
다만 '모든 것이 자유적으로 이루어지고 있다'는
착각을 가지게 만드는 프로그램화 된 채 살아가는 것이라면, 우리 삶의 의미는 무엇일까?

· 인도 바라나시 갠지스강.

줄 로빈 박사의 방에 들어섰을 때, 거기서 자기와 똑같은 다른 데이빗이 앉아 있음을 보았다. 그 모조 데이빗은 자기가 진짜 사람이라고 말한다. 그것은 환상과 같은 속삭임이 되어 데이빗을 매우 혼란스럽게 한다. 데이빗은 혼란으로 가득한 자기머리를 진정시키기 위해 그 모조 데이빗을 부수어 버린다.

　자기의 유일성에 대한 도전은 도저히 용납할 수 없으며, 아니 무엇보다 복수성(複數性)에서 오는 것은 예비품을 의미한다기보다 침략을 의미한다고 하는 것이 더 정확하기 때문이다. 또한 무엇인가를 지극한 마음으로 찾다보면, 늘 있게 되는 내재적인 불안감이 조명하는 환상과 혼란을 이 장면은 잘 설명하고 처리하고 있는 것이다.

　그리고는 뒤이어 등장하는 로빈 박사는 자기가 데이빗을 만든 창조주 아버지인 것을 데이빗에게 고(告)하면서, 실험실 안의 여러 데이빗 모형들을 보여준다. 거기서 데이빗은 자기의 태초의 모습인 그 회사의 마크를 본 것이다. 데이빗은 순간 심한 충격을 먹는다. 자기가 한낱 이러한 실험실에서 창조된 물건에 불과함을 안 데이빗은 그토록 갈망하던 엄마의 이름을 부르며, 깊은 바다 속으로 투신하여 모든 것을 포기하고 만다.

　데이빗이 투신하기 바로 직전의 상황은 인간이 도달한 과학의 극치에 도달했다는 점이다. 인간이 만일 요행히도 인간자신의 공격성과 투쟁심에서 올 수 있는 문명의 단절을 모면하고, 인간인 우리의 인지능력이 허용하는 한, 한층 더 발달된 단계로 가서 알 수 있는 것. 그것은 자신이 '프로그램화된, 정형화된, 그렇게 되도록 꾸며진 실험용 모델에 불과하다'는 사실을 아는 것이다. 우리 인간의 인지능력은 결국 여기서 끝나고 만다는 것을, '인간문명의 종착역'으로 처리하고 있는 장면이다. 왜냐하면 우리가 가지고 있는 태초는 우리가 도달할 수 있는 프로그램의 끝이니까….

바다 속으로 가라앉은 데이빗은 거기서 뜻밖에도 수몰된 도시의 그 옛날 화려했던 놀이공원 안의 피노키오 지역에서 수장된 푸른 요정의 동상을 본다. 그 동상은 바로 데이빗이 꿈속에도 그리던 푸른 요정이었다. 그것은 분명 하나의 수몰된 동화 속 동상에 불과한 것이었지만, 이미 푸른 요정이라는 화두에 넋이 나가 있는 상태의 데이빗에게는 그 동상은 그대로 푸른 요정의 현신(顯身)으로 받아들였다. 데이빗은 환희의 미소를 지으며, 푸른 요정 앞에 꿇어앉아 기도하고 또 기도한다.

"푸른 요정님! 저를 사람으로, 진짜 사람으로 만들어주세요!"라고.

이 똑같은 구원의 성취를 담은 기도의 말을 데이빗은 인조인간에게 심어진 동력이 바닥날 때까지 반복한다. 밤이고 낮이고, 다음 날도, 그 다음 날도, 또 그 다음 날에도…. 마치 2천 년 내리닫이로 아버지가 빌던 것을 아들이 빌고, 그 아들이 빌던 것을 그의 아들이 빌고, 또 그 아들의 아들이 비는 것처럼….

장면은 바뀌어 그로부터 2천 년이 지난 후의 장면이다. 인류는 멸망한 지 이미 오래였고, 남아 있는 것이라고는 빙하에 덮여 있는 고고학적인 가치로서의 잔재들뿐이다. 왜 하필 2천 년일까? 예수가 간 지 2천 년이 지나서일까?

안락한 의자와 같이 생긴 비행물체가 이미 빙하기에 든 지구의 옛 도시 위를 얼음 위를 달리는 듯 미끄러져 들어간다. 이 비행물체에는 생각만으로 서로 의사소통을 하는 생체물질이 아닌 것들로 이루어진 외계인들이 타고 있다.

어찌 보면 금속물질로 온몸을 감싸고 있는 듯한 성(性)적 구분이 없는 외양을 한 외계인들, 어쩌면 이것이 진정한 모든 것의 원인되는 물질인지도 모른다는 메시지를 담고 생체물질이었던 인간문명의 리바이벌을 위해 온 것일까? 이 외계인들은 이미 멸망하고 없는 인류문명의 흔적을 찾아서, 곧 바로 피노키오의 전설을 믿고 2천 년 전에 바닷속에 빠져, 아니 자기의 신앙심의 깊은 심연 속에 빠져 있는 데이빗에게로 간다.

신(神)은 그렇게 믿음의 계곡을 찾아오게 마련인지도 모른다. 그 바닷속, 아니 신앙의 심연 속에는 아직 데이빗이 푸른 요정을 마주 한 채 눈을 뜨고 있지만, 이미 동력이 바닥난 상태이므로 말없이 마주하고 있는 데이빗에게 외계인은 손짓 하나로 동력을 전달한다. 부활이 시작된 것이다. 드디어 2천 년의 시간을 지나 깨어난 데이빗, 그러나 그에게는 2천 년이란 존재하지 않는다.

그는 다만 계속적으로 그래왔던 기억으로 푸른 요정에게 다가가, 가장 존경하는 믿음으로, 이미 얼음이 되어버린 푸른 요정의 형체에 손을 대는 순간, 외경의 존엄함에 대해 만질 수 없는 것을 만진 것에 대한 복수라도 하듯이, 푸른 요정은 기나긴 세월을 의식하여 스르르 무너져 내리고 만다. 마치 엠마오로 가는 길에서 말한 저 예수의 한마디, "아직 나를 만지지 마라!"에 대한 불복종의 종말이란 어떠한가를 보여주는 것처럼….

신앙(信仰)이란 이름의 신기루는 만져서는 안 된다. 만지면 그것은 여지없이 부서지고 만다. 그대는 곧 주저앉게 될 것이다. 그것은 그냥 그대로 있게 내려두어야 하는데, 이미 만져버렸으므로 너는 사탄의 저주를 받은 것이다. 이 말썽꾸러기 데이빗아!

순간, 데이빗의 황당함은 이루 말할 수가 없어진다. 자기를 사람으로 구원해 줄 마리아를 닮았고, 천사를 닮았고, 예수를 닮은, 푸른 요정의 형상이 힘없이 무너져 내리는 것을 보고, 그 모든 것이 허탕이었다는 절망에 젖어있는 데이빗….

그때 데이빗의 절망감을 감지한 절대자 외계인은 만들어진, 프로그램화된 인조인간인 데이빗에게 깊은 애정을 표하면서, "네가 행복하기를 바란다!"는 메시지를 준다. 새로운 프로그램을 업그레이드한 것이다. 행복이라는….

그리고 그 데이빗이 기억하고 있던 2천 년 전의 인류문명을 모니터링한 외계인들은 데이빗에게 2천 년 전의 모습을 재생한 다른 차원의 공간을 제공한다. 하지만 데이빗은 그것이 자기의 기억을 모니터링하여 제공된 다른 차원의 공간임을 모른 채, 즉 환상임을 모른 채, 드디어 자기의 믿음으로 자기의 소망이 이루어졌고, 또한 그곳이 바로 '낙원이라고 생각되는 그곳'으로 안다.

그렇다. 누가 알랴! 그대의 시간과 공간은 한낱 그대의 환영일지도 모른다는 것을…! 어쩌면 오래 전의 기억들이 나타나 움직이고 있는 것이 바로 이 '나〔我〕'일지 누가 알랴! 그때 데이빗을 부르는 부드러운 목소리…. 그것은 바로 자기가 그토록 바라고 바라던 푸른 요정의 음성이었다. 데이빗은 푸른 요정이 부서지지 않고 나타나준 것에 대해 한없는 신뢰를 나타내지만, 사실은 그 전능한 외계인이 비춰주는 멀티비전 이미지 데이터에 불과한 것이었다.

그것은 천사의 모습이요, 인간에게 대신 메시지를 전달하는 매개체로서의 예수의 모습을 연상케 하는 장면이다. 하지만 우리의 데이빗에게는 그것은 아무래도 상관없다는 듯, 재차 소원을 말한다. "저를 사람으로 만들어 주세요!"라고….

4차원 공간에서, 마치 한쪽 방향으로만 보이게 만들어진 방 안에서 다른 쪽을 관찰하는 형사들처럼, 허공에서 모니터링하고 있던 외계인들은 그 멀티비전 속 푸른 요정에게 "소원대로 이루어진다"라고 말하라고 명령한다.

드디어 데이빗은 2천 년 전에 프로그램화된 대로, 자기의 기능에 충실할 수 있는 엄마를 재생받았다. 그러나 그 재생된 엄마는 2천 년의 시간을 거슬러 올라가는 숨가쁜 기억의 뜀박질로 모든 에너지를 쏟아 넣은 탓일까? '한 번 지나간 시공은 똑같은 사람이 다시 되밟을 수 없다는 현대과학의 이론을 뛰어넘을 수 없다'는 것과, 영화만이 가지는 만화 같은 연출 사이에서 스필버그는 외계인의 전능한 힘으로 처리하여, 하루만의 삶으로 다시 영면해야 한다는 것을 데이빗에게 고지(告知)하게 하는 데….

그러한 하루만의 행복을 위하여 2천 년을 기다려 온 것은 '하루가 2천 년일 수도 있다'는 데이빗의 철학적인 말로 인하여 그리 심하게 생각되지는 않는다. 철학적인 언변은 늘 그런 힘이 있다. 그러한 2천 년과 같은 하루를 보내고, 우리 데이빗은 떨어지는 해의 그림자를 조금이라도 가리기 위해 방의 커튼을 모두 내리고, 엄마 곁에 드러누워 마치 진짜 사람처럼 눈물을 흘리며, 그리고 그렇게 바라고 바라던 꿈속을 간다.

결국 데이빗은 처음부터 끝까지 프로그램화된 채로 존재하다가, 프로그램화된 대로 눈을 감는다. 아마도 그가 다시 눈을 뜬다 해도 그것은 프로그램화되었기 때문일 것이다.

이 영화에서 데이빗은 '우리 인간의 신앙심'이자 '맹목'이고 '정형화된 의식'이다. 창조되었다면 슬픈 일이다. 창조를 행한 존재에게는 오락거리요 실험적인 것이겠지만, 피조된 것들에게는 '절실' 그 자체이다. 왜냐하면 '절실'하도록 프로그램화된 소프트웨어가 생체물질을 창조한 다른 특이한 물질로 된 존재의 목적인지도 모르니까.

그 특이한 물질의 존재는 어쩌면 새로운 이 생체물질, 그러니까 신진대사 활동을 일으키며 끊임없이 생존을 구하는 우리 인간에게서 '유연함과 역동적인 가능성'을 보고 싶어했는지 모른다. 바로 자기 자신들의 물질체를 벗어나기 위하여….

아니라고? 하나님이 우리를 사랑하셔서 구원해 주시는 것이라고? '그렇게 믿는 당신에게 당신이 만나는 구원은 기껏해야 저 데이빗의 그것일 뿐인지도 모른다'라는 조소를 지어 보내면서, 나와 스필버그는 슬며시 극장을 빠져 나와 버렸다.

2
꾸준히 할 수 있는 것이라면 비록 망상이라도 좋다

초발심에는 각자 인연이 있게 마련이다. 그 인연의 품세도 갖가지일 것이니, 하나로 갖추어 말할 수 없을 것이다. 그러나 다음 세 가지 인연은 갖추어야 한다.

첫째, '믿음이다.' 어떤 사람은 부처님을 먼저 믿고 스승을 만나 믿으며, 어떤 사람은 스승을 먼저 따르고 믿고 부처님을 믿으며, 어떤 사람은 자기 마음의 성품을 먼저 믿고 부처님을 믿으며, 어떤 사람은 가지가지 경계를 만나, 그 와중에서 한 소견을 내어 부처님이나 스승을 만나 믿게 된다.

그 어떤 경우든 믿음의 인연이 있어야 한다. 아직 이치와 소견이 넉넉하지 않았다 할지라도, '저이에게만 가면 나의 이 괴로움이 해결될 수 있다'고 하는 우직한 믿음이 있으면, 비록 '그 괴로움이 온 곳도 없고 갈 곳도 없다'는 소식을 아직 알지 못한다 해도, 저 숭산에서 신광(神光: 혜가스님)이 달마스님에게 한 팔을 잘라 바치면서까지 구하던 것이, 어리석기 짝이 없는 "마음이 괴로우니 구해 주십시오!"였다고 할지라도, 마침내는 마음의 본성을 깨우쳐 당당히 서쪽에서 온 조사의 뜻〔祖師西來意〕을 옮겨 받을 수 있는 것이다. 들어가는 문은 심히 어리석었으나, 나오는 문은 성성적적(惺惺寂寂)하여 들어갈 때와 같지 않았던 것이다. 이것은 다 믿음으로 이루어진 것이다.

둘째, '눈 밝은 스승을 만나야 한다.' '저이한테만 가면 생사문제를 확실히 해결할 수 있다'는 마음으로 찾아간 곳이 사자(獅子)가 사는 곳이면 반드시 사자의 법을 배우게 될 것이고, 여우가 사는 곳이면 반드시 여우의 법을 깨우치게 될 것이다. 사자와 여우의 구별은 매우 뚜렷하지만, 업의 눈에 가리면 여우를 사자로 보게 되므로 극히 조심할 일 아닌가? 이것은 마치 눈에 뭐가 끼면, 누가 봐도 어울리지 않는 짝과 어울리면서 죽자사자 사랑을 한다고 하는 눈 먼 여자와 같은 꼴이다. 누가 말려도 듣지를 않고 죽을 듯이 매달리다가 그 업연(業緣)이 다하면, 그때서야 비로소 자기가 허무하게 사랑을 해댄 것을 알고는 후회하며 돌아서는 꼴이 우습기만 하다.

그러면 어떻게 눈 밝은 스승, 즉 사자를 만날 것인가? 발원(發願)해야 한다.

'발원이란 발심하여 바라는 것'이니, 위로 삼보를 모시고, 아래로

· 왕사성 죽림정사의 깔란다까 연못. 부처님과 제자들이 목욕을 하시던 곳이다.

여러 중생을 제도하겠다는 마음을 내어 발원한다면, 눈 밝은 이를 만나게 된다. 막상 눈 밝은 이를 만나는 인연을 가졌다 할지라도, 이를 알아보지 못하면, 그 또한 낭패이니 이를 어찌할 것인가?

그대에게 말하지만, 그러므로 반드시 스스로 계를 지녀야 한다. 계를 지니게 할 스승〔戒師〕을 만나지 못했으니 계를 지닐 수 없다고 한다면, 그 때문에 눈 밝은 스승을 만나지 못하게 되는 것이니, 어찌 계사가 없다고 하여 스스로 계를 지니지 않을 것인가? 스스로 지니고 있으면, 나중에 눈 밝은 스승에게 따로 수계(受戒)를 해도 되니, 계를 지니는 일은 마땅히 스스로 먼저 해야 한다. 계를 지니고 있으면, 마치 금지구역에 암호를 응답하고 들어가는 것처럼, 눈 밝은 스승을 만나면 이 지계(持戒)의 힘이 작용하여 저절로 알게 된다. 바로 유유상종(類類相從)의 이치인 것이다.

셋째로, '장구한 마음을 가져야 한다.' 이 우주가 건립된 지 얼마인지 아직 측량할 사람이 없듯이, 이 마음의 나이를 측량할 사람은 아직 없다. 측량할 수 없는 한량없는 세월을 살아 비로소 오늘 '김 아무개', '이 아무개' 하는 곳까지 도달한 것이다. 저 해변의 모래 수는 차라리 셀 수 있을지라도 이 마음의 나이는 셀 수 없으며, 이 지구와 같은 행성을 삼천억 개를 합하여 그 속에 들어 사는 중생들의 종류와 암수의 숫자는 헤아릴 수 있을지라도 이 마음이 지나오며 이루었던 모습은 다 헤아릴 수가 없다. 이렇게 수많은 세월을 지나왔건만, 아직도 미망(迷妄)의 혼침(昏沈)과 도거(悼擧: 들뜨고 혼란스러운 마음상태)를 따라 오르락내리락 하고 있으니, 이 얼마나 부끄럽고 원통한 일인가를 생각하여, 금생 한 생애만이 아니라, 다음 생 또 그 다음 생 등등 앞으로 다가올 무수한 새로운 모든 생애 동안, '아뇩다라삼먁삼보리심'을 내어 살리라 하고 굳은 결심을 하게 된다면, 이 곧 장구한 마음인 것이다. 이 장구한 마음을 꾸준히 지켜 나가려면, 몸과 마음에 피곤한 방법을 택하지 말아야 한다. 108배도 좋고 3천배도 좋고 밤샘 용맹정진도 다 좋지만, 그런 것들을 날짜와 횟수를 세워 놓고 한다면, 그 세운 날짜와 횟수 안에 깨달음을 이루면 좋으련만, 만일 못하면 어찌할 것인가? 그만둘 것인가? 아니면 더할 것인가?

오로지 장구한 세월을 견디려면 여러 가지 방법 중에서 가부좌를 틀고 앉아 참구(參究)하는 것이 가장 좋은 자세이다. 좌선하다 피곤하면 경행(經行: 천천히 거니는 수행)하고, 부처님 생각나면 염불하고….

이렇게 세 가지 초발심의 인연을 말해 보았으나, 이 세 가지의 인연이 갖추어지기까지의 헤아릴 수 없는 인연을 전부 말하고자 한다면, 평생 동안 먹물을 갈아 쓰고 말한다 해도 이루 다 말할 수 없다. 그러므로 다만 여기에 몇 자 적어 두어 삼가 스스로 경책(自警自戒)하는 바이다.

3
해지는 뭄바이에서

7, 8년 전, 인도 뭄바이에 갔을 때의 일이다. 회사 일로 동료와 같이 갔는데, 마침 하루가 비었기에 현지인을 대동하고 그리 멀지 않은 교외의 불교유적지를 찾았다. 이름이 잘 기억나질 않지만, 그곳 역시 인도의 여느 유적지와 같이 산 하나에 통째로 여러 개의 굴을 뚫어 만든 옛 수행자들이 수행하던 곳이었다.

입구에 도착한 우리는, 외국인을 보면 인정사정없이 달라붙는 여러 안내원들의 경합을 뚫은 어떤 노련한 안내원의 안내를 받았다. 그야말로 그 안내원은 청산유수처럼 동굴에 대한 설명을 이어가는 것이었다. 나는 그때, 아직 아잔타나 엘로라 같은 동굴사원과 같은 곳을 보기 전이라, 그만한 규모도 놀라울 정도였다. 산허리를 빙 둘러 가며, 개인뿐만 아니라 대중이 모이는 규모를 짐작할 수 있을 만한 바위동굴을 대하면서, 당시의 열악한 착굴도구와 경제적·정치적인 환경을 고려할 때, 얼마나 대단한 열정적인 신앙심과 구도열이었으면 이런 어마어마한 불사(佛事)를 벌였을까 하고 감탄의 입이 다물어지지 않았다.

안내원의 지식이 거의 바닥이 나고 그의 입이 조용해질 무렵, 산등성이를 따라 내려오다가 문득 내 눈에 띄는 게 하나 있었다. 처음에는 무심코 지나치다가 몇 걸음 지나고 나서야 퍼뜩 뇌리를 스치는 것이 있어 다시 되돌아가 살펴보니, 산비탈에 비스듬히 누운 커다란 바위에 파인 흔적이 있는데, 묘하게도 그곳에 자꾸만 눈길이 가는 것이었다. 같이 간 동료와 안내원이 뒤따라와서 "여기서 뭐하냐?"라고 물었다. 그들은 이제 해가 저물어가니 어서 내려가자고 재촉하였지만, 난 우두커니 서서 바위를 뚫어져라 쳐다보고 있었다.

그 바위는 엉덩이를 대고 앉으면 딱 맞을 만큼 자국이 파여 있었던 것이다. 난 그 엉덩이 자국을 따라 찬찬히 살펴봤다. 그때 마침 석양의 저녁노을이 멀리 퍼져가고 뉘엿뉘엿 넘어가는 태양이 딱 눈에 들어오는 것을 봤다. 그 순간 분명 그 자리는 아득한 과거에 어떤 수행자가 저녁마다 서쪽으로 넘어가는 붉은 태양을 마주 하여 이 바위에 앉아서 염불삼매를 익히고 있었을 것이라는 생각이 들었다. 나는 안내원을 붙잡고 물었다. 그런데 그 안내원은 그런 것을 전혀 몰랐다.

그에게 그것은 그냥 무심코 오르내리는 길에 놓인 한갓 바위였을 뿐이었다. 그렇지만 나는 갑자기 알지 못할 흥분을 느꼈다. 이곳 사람들도 모르는, 아니 나만 아는 어떤 사실을 발견한 것이었다. 나는 얼른 그 바위의 엉덩이 자국에 가부좌로 앉았다. 막상 앉아보니 엉덩이가 쏙 들어가게

나는 갑자기 알지 못할 흥분을 느꼈다. 얼른 그 바위의 엉덩이 자국에 가부좌로 앉았다.
막상 앉아보니 엉덩이가 쏙 들어가게 움푹 들어가 있고,
무릎 양쪽 끝이 바닥에 밀착되도록 평평했다.
정말 기가 막히게 딱 들어맞았다. 앉은 자세 그대로 석양이 한눈에 들어왔다.
틀림없이 이 자리는 그 옛날 어느 수행자가 날마다 아미타 부처님을 그리며
미타관법을 수행했을 것이다….

· 나시크 석굴. 나시크의 빤두레나 산 언덕에 있는 23개의 석굴군이다.

제3장 유마의 산책

움푹 들어가 있고, 무릎 양쪽 끝이 바닥에 밀착되도록 평평했다. 즉, 좌선 자세가 나오도록 딱 맞추어져 있는 것이다. 정말 기가 막히게 딱 들어맞았다. 산등성이라 고개를 들지 않아도 앉은 자세 그대로 석양이 한눈에 들어왔다. 틀림없이 이 자리는 그 옛날 어느 수행자가 날마다 아미타 부처님을 그리며 미타관법을 수행했을 것이다. 생각이 여기에 미치자, 나는 무슨 큰 발견을 해낸 사람처럼 열기를 뿜으며 안내원과 동료에게 설명하기 시작했다. 시작은 바위의 사연(?)이었는데 열기를 더해가면서 점차 『관무량수경』이 되었고 마침내 그 한 권을 다 설명하게 되었다.

하지만 정작 내 설명을 들은 건 그들이 아니라 바로 말하는 '나'였다. 2천 여 년 전의 어느 수행자가 바로 '나'였던 것이다. 그렇게 빈번하게 사람들이 오가는 그 자리를 그때까지 현지 전문가들도 알아채지 못한 것을, 나는 딱 한 번 지나가는 인연만으로 단번에 알아본 것이다. 이것은 내가 그때의 수행자가 아니면 도저히 알아볼 수 없는 일이다 라는 생각이 들자, 그곳에 앉아 석양이 완전히 내릴 때까지 마냥 앉아 있고 싶었다. 하지만 "빨리 내려가자"고 하는 동료의 재촉으로 더 이상 뭉기적거릴 수가 없었다. 내심 재촉하는 동료가 원망스러웠다. 먼저 내려가 있으면 금방 뒤따라가겠다고 해도, 막무가내로 재촉하여 할 수 없이 오래 쓴 물건을 산에 버리고 가는 섭섭한 심정의 마음으로 내려와야 했다. 그렇지만 나는 그때, 『관무량수경』을 말하면서 보낸 시간이 짧지 않았던 것을 큰 다행으로 여겼다. 비록 잠깐이었지만 참으로 간만(그러니까 거의 이천 년)에 그 자리에 앉아 염불삼매를 만끽할 수 있었다.

잊지 못할 곳이었다. 그 후에도 여러 번 뭄바이 출장길이 있었지만, 그때마다 일 때문에 짬을 낼 수가 없어서 두 번 다시 가질 못했다. 내 나이 이제 오십줄에 숨차는 병까지 안고 있으니 언제 다시 그곳에 갈 수 있을는지 ….

눈 내리는 새해 첫시(時)에 혼자 향을 사뤄 정성들여 예불을 올렸다. 향내와 따스한 공기를 느끼는 흔치 않은 이 밤, 숨을 고르게 쉬며 좁은 방 안에서 경행을 했다. 나는 말할 수 없는 황홀에 젖어 쉬지 않고 아미타 부처님을 일심으로 염(念)했다. 얼마나 지났는지 마치고 자리에 앉으니 마침 그때 뭄바이의 일이 문득 생각났다.

나는 가슴 가득한 황홀감을 주체할 수 없어 자판기를 다시 두드린다.

여래(如來)
응공(應供)
정변지(正遍知)
명행족(明行足)
선서(善逝)
세간해(世間解)
무상사(無上士)
조어장부(調御丈夫)
천인사(天人師)

불세존(佛世尊)

나무 시아본사(是我本師) 석가모니불

나무 위일체중생 아미타불

사바세계 말법시대 변방의 재가 제자

이와 같이 시방삼세 제불께 귀의하오니

이 인연으로 아미타 부처님 계신 국토에 태어나게 되오며

보리심에서 물러나지 않아지오며

모든 국토의 부처님들에게 공양하여지오며

다함 없는 신통과 변재로 모든 국토의 인연 있는 중생들

다 아미타 국토에 들게 하여지오며

사바세계에 다시 태어날 때에는

세세생생 일찍일찍 동진(童眞)출가하여

눈 밝은 종사를 만나지오며

눈 밝은 종사를 만나거든

아뇩다라삼먁삼보리심을 내어 자등명(自燈明) 하고

자등명하거든

법을 청하는 이를 만나지오며

법을 청하는 이를 만나거든

그 인연으로 널리 시방 가득한 여러 중생들을 위하여

목숨 다할 때까지 싫증을 내지 않고

법등명(法燈明)하여지이다.

4
스스로 염불하기

염불은 스스로 하는 것이 좋다. 어떤 것이 스스로 하는 염불일까? 하늘에 달이 뜨면 백 개의 강에 그 달이 비친다. 달은 하나이지만, 강이 백 개이면 비치는 달도 백 개이고, 강이 천 개이면 달도 따라서 천 개이고, 강이 일만 개이면 달도 따라서 일만 개인 것은 틀림없는 이치이다. 달이 아미타 부처님의 광명이라면 강은 일체중생의 마음에 비유한 말이다.

그래서 만일 대중이 모여 일제히 "나무아미타불!"을 염불할 때, 강마다 그 모양이 다르듯이 대중의 마음이 다 다르다. 염불소리의 고저장단(高低長短)부터도 다른데 하물며 그 마음속의 일이야 더할 나위가 없을 것이다. 대중이 함께 염불할 때는 그 속도와 음률을 따라 함께 염불한다면, 이때의 염불은 여럿이 하는 염불이어도 오로지 스스로 하는 염불이다.

어떤 사람이 발심하기를, "내가 이날 이때까지 그저 살아오다가, 다행히 불법을 만나 일체유심조(一切唯心造)의 도리를 이해하게 되어 화두를 들고 참선하는 것을 배웠다. 때로는 더러 게으르기는 했어도 참구하는 것을 놓친 적은 없었다. 그런데도 아직 깨달음은커녕 불법을 만나기 전이나 불법을 만난 후나 별반 다를 것이 없다. 그렇다면 어디 한번 아미타부처님의 원력으로 이 생사문제를 해결하는 것은 어떨까?" 하고 "나무아미타불!"을 염불한다면, 이것은 스스로 하는 염불이다.

어떤 사람이 평소에 생각하기를, "염불은 하근기(下根機)의 무식한 아낙네들이나 또는 배운 것 없는 무지렁이들이 의존하는 법이다. 사람은 마땅히 스스로의 자성불(自性佛)을 의지하여 깨우쳐야 상근기(上根機)의 대장부다운 면모가 있는 법이다"라고 하면서, 한평생을 운수납자(雲水衲子)로 자성불을 찾았지만 여태껏 찾지 못하고, 어느덧 날은 저물고 섣달 그믐날 밤은 코앞에 닥쳐 숨소리도 거칠어질 때, 덜컥 겁이 들어 생각하기를 "내가 갈 날이 이제 멀지 않았는데, 일구어 놓은 것은 외양뿐, 내실을 얻은 것이라고는 하나도 없다. 한평생 못한 것을 지금 콧김이 거칠어지고 있는 이때에 한다고 되겠는가. 그러나 기왕 이렇게 된 것, 늦었지만 아미타부처님이나 크게 한 번 염불해 보자. 혹, 이루어질지 어찌 알랴?" 하고 "나무아미타불!" 하면서 큰소리로 염불한다면. 이것은 스스로 하는 염불이다.

어떤 사람이 홀로 "나무아미타불" 하고 염불을 할 때, 그에게 힘을 실어 주기 위해 뒤에서 가만히 받쳐주며 거들어 염불을 함께 할 때가 있는데, 이때 염불은 스스로 하는 염불이다.

그대여, 스스로 하는 염불에는 법당에서 거룩한 대중이 하는 것이나,
저 술주정뱅이가 하는 것이나 아무 차별이 없습니다.
마음을 알고 하는 것이나 마음을 모르고 하는 것이나,
만일 그것이 스스로 하는 염불이기만 한다면 아무 차별이 없습니다.
이들은 모두 아미타불의 성중(聖衆)입니다. 부디 스스로 하는 염불을 만들어 보십시오.

· 인도 쿠시나가라의 라마바르 탑.

제3장 유마의 산책

어떤 사람이 다른 사람으로부터 염불하기를 권유받고 의심하여 하지 않다가, 거듭 권유를 받아 마지못하여 억지로 염불을 하는 것도 분명 스스로 하는 염불이다.

어떤 사람이 삶이 곤궁하였을 때, 지난날에 얻어들은 인연이 있어 '염불하면 일이 잘 풀린다'는 생각이 문득 떠올라 "나무아미타불" 염불을 하게 되었다면, 이것도 분명 스스로 하는 염불이다.

어떤 사람이 시장을 지나가다가 바람결에 누가 "나무아미타불!" 하는 소리를 듣고 "저 사람은 누구일까? 이 복잡한 시장 속을 마다 않고 '나무아미타불' 하는 것을 보니, 듣기가 참 좋구나. 저 사람의 염불은 이루어질 것이니 나도 한번 따라 해보자"고 생각하여 "나무아미타불!" 한다면, 이것도 분명 스스로 하는 염불이다.

어떤 사람이 교회에 가려고 성경을 들고 집을 나섰는데, 길 네거리 한 구석에서 승복을 입고 쪼그리고 앉아 "나무아미타불!" 염불하면서 구걸을 하는 것을 보고, 비록 하는 짓은 맘에 들지 않지만 가엾은 생각이 들어 호주머니에서 동전을 꺼내어 툭 던져 주면서 "예수 믿지, 왜 나무아미타불 하는 거요?"라고 했다면, 이것도 분명 스스로 하는 염불이다.

어떤 사람이 집에 들어앉아 은혜로운 찬송을 부르고 있는데, 누가 문 밖에서 목탁을 치며 "나무아미타불!"을 부르며 탁발하는 것을 보고 벌컥 화를 내고, 재수 없다고 찬 물을 끼얹고 소금을 뿌리면서 "우리는 예수 믿는 집이요, '나무아미타불'은 무슨 얼어죽을 '나무아미타불'이야?"라고 하였다면, 이는 이미 두 번씩이나 스스로 하는 염불이다.

어떤 사람이 술과 담배로 몸을 망쳐 잔뜩 취한 모습으로 세상을 비관하며 밤길을 걸어가다가 절 근처에서 바람결에 들려오는 '나무아미타불' 염불소리를 듣고는, 괜한 심술이 나서 그 절 입구의 대문을 발로 걷어차며, "시끄럽다! 이 땡중들아, 아미타불은 무슨 아미타불이냐? 세상 일 하나도 모르는 놈들이 맨날 앉아서 밥 처먹고 하는 짓이 목탁이나 치면서 나무아미타불만 하면 다냐! 이 한심한 새끼들아!" 하고 고성으로 삿대질을 했다면, 이것도 스스로 하는 고성염불이다.

그대, 수자타여. 스스로 하는 염불에는 법당에서 거룩한 대중이 하는 것이나, 저 술주정뱅이가 하는 것이나 아무 차별이 없습니다. 마음을 알고 하는 것이나 마음을 모르고 하는 것이나, 만일 그것이 스스로 하는 염불이기만 한다면 아무 차별이 없습니다. 이들은 모두 아미타불의 성중(聖衆)입니다. 부디 스스로 하는 염불을 만들어 보십시오.

5
사자(死者)를 통해 보내는 메시지

미국에서 일어난 테러 사건〔2001년 9월 11일〕으로 인하여 목숨을 잃은 모든 분들을 위하여 기도합시다. 삼가 그분들 모두에게 두려움이 없는 가피가 있기를 기도합시다.

그들의 영혼〔靈識〕이 더 이상 두려움에 떨지 않도록 위로합시다.

죽음은 누구에게나 일어날 수 있는 일이라고 말해 줍시다.

이 몸과 마음은 늘 불에 타고 있다고 말해 줍시다.

이 몸과 마음은 늘 재난에 혹사당하고 있다고 말해 줍시다.

그러한 몸과 마음으로 아침엔 토스트를 먹고 저녁에는 화려한 잠옷을 입고 잠자리에 든다고 말해 줍시다.

두려움이란 두려운 일이 시작되기 전의 일이지, 이미 끝난 후에는 두렵지 않다는 것을 말해 줍시다. 두려워하지만 않는다면, 죽음은 새로운 탄생의 길로 인도한다고 말해 줍시다.

이제 부처님과 그 법과 승가에게 귀의하는 일체의 공덕을 그분들께 남김없이 회향합니다.

〈당신이 하는 말과 마음은 그대로 그들을 위로할 것입니다.〉

사자(死者)여,

그대에게 무엇이 보이는가?

그대를 찾아, 밤새 그 콘크리트와 철근을 손가락에 피멍이 들도록 파헤치는 그대의 친척들과 아내와 남편, 그리고 아이들이 보이는가?

보인다면 눈도 없는 그대가 어떻게 사물을 볼 수 있단 말인가?

그러므로 아시오.

보는 것은 눈이 아니라 마음인 것을….

사자(死者)여,

그대에게 무엇이 들리는가?

그대를 찾아 헤매는 살아 있는 그대의 친척들, 아내와 남편, 아이들의 울부짖음, 그들의 기도, 이 모든 것들이 들리는가?

들린다면 귀도 없는 그대에게 어떻게 소리가 들린단 말인가?

그러므로 아시오. 듣는 것은 귀가 아니라 마음인 것을….

사자(死者)여,

그대에게 무엇이 느껴지는가?

비행기가 빌딩 속으로 부딪칠 때의 그 좌절과 공포, 그리고 죽음 뒤에 찾아오는 무한한 절망을 아직도 느끼는가?

느낀다면 몸도 없는 그대에게 어떻게 그런 느낌이 든단 말인가?

그러므로 아시오. 느끼는 것은 몸이 아니라 마음인 것을….

사자(死者)여,

그대가 만일 진정한 의미에서 죽었다고 한다면,

그리고 죽음은 모든 것의 끝이라고 하는 주장이 올바르다면,

어찌하여 아직도 그대는 보고 듣고 느끼는가?

그것은 산 자들의 일이 아닌가?

그러므로 아시오. 진정한 의미에서의 죽음은 존재하지 않는다는 것을.

그렇다. 그대는 아직 죽지 않았다.

토스트를 먹고 옷을 입는 몸뚱이만 저 잔해 속에 버려져 있을 뿐이다. 저 버려진 몸뚱이는 그대가 입었던 옷일 뿐이다. 땅과 물과 불과 바람의 재료들에 의하여 만들어 입혀졌던 무정물인 것이다. 잠시 그대가 뒤집어썼다고 그대의 것으로 집착하지 마라. 보고 듣고 느끼는 주인공은 그대의 마음이지, 저 몸뚱이가 아니었느니!

자, 사자(死者)여,

이제 그대가 보고, 듣고, 느끼는 그 마음이 아직 그대에게 있다는 사

실을 알았다면, 그대는 컴퓨터처럼 복구될 수 있다.
    모니터가 부서졌다고 그 모니터 속의 그림까지 부서졌다고 하지 마라. 그 모니터 속의 그림은 이제 그대의 부서지지 않은 그 마음을 가지고 다시 그려낼 수 있다. 그렇지 않은가?
    그러므로 이제 그 일을 하기로 하자.

    과거는 잊어버려라.
    좋은 기억 나쁜 기억 다 놓아 버려라.
    다만 그대에게 없어지지 않는 그 마음만을 바라보라.
    신기하지 않은가?
    모두들 그대가 죽었다고 하는데,
    그대 자신은 살아 있을 때와 조금도 다름없이 보고, 듣고, 느끼니 말이다.
    그러나 이것은 그리 오래 가지는 않을 것이다.
    아직 여유가 있을 때 이 말을 들었으면 좋으련만….

    사자(死者)여,
    지금 그대는 만지기 어렵고 촉감을 느끼기가 가장 어려울 것이다.
    그대에게 그런 정보를 전달할 매개체인 몸이 없어졌기 때문이다.
    그러나 이를 답답해하지 마라.
    오히려 그런 접촉되는 장애물이 없기 때문에

그대에게 좋은 기회가 온 것이다. 그렇지 않은가?
접촉되는 물건이 없으므로 이제부터 자유롭게 여행할 수 있다.
자, 이제 여행을 시작하자.

사자(死者)여,
그대에게 눈은 없겠지만 눈이 있다고 생각하고 눈을 감아 보아라.
지난 일이 고속의 필름에 감겼다가 풀리는 것처럼
확연히 머릿속을 지날 것이다.
이 필름들은 시골극장에서 철 지난 영화를 상영하는 것처럼 매우 낡은 것이다.
중간중간 끊기는 부분이 있을 것이다.
그것은 그대 마음이 머무는 골이 패인 곳이다.
어떤 부분에선 그대에게 충격을 주는 것들도 있을 것이고,
어떤 부분에선 그대에게 눈물을 흘리게 할 것도 있을 것이다.
그러나 이것들은 그대가 몸을 가지고 있던 때나, 몸이 없는 지금이나, 똑같은 것이다.
조금도 다르지가 않다.
만약 다르다면, 몸 없는 그대가 어떻게 그것들을 기억한단 말인가?
그러니 몸 있을 때와 같이 당황하지 말고, 그 부분을 깨끗이 넘겨라.
잘 넘겨지지 않거든,
그대가 평소에 믿던 대로 하나님을 부르든지, 알라를 부르든지 해서

라도 넘겨야 한다.

만일 거기에 멈추게 되면, 그 일〔그 사건〕에 연루되는 몸을 받을 것이다.

예컨대, 그대가 살생을 많이 했다면,

또는 남의 것을 빼앗거나 사음했거나 거짓말과 술 취함으로 몸을 소비했다면,

그대의 마음이 지금 고르지 않을 것이다.

왜냐하면 마음은 그것을 소비할 몸이 필요한데, 그런 몸이 없다고 느끼는 순간,

그대는 몸이 없는 데서 오는 두려움에 떨어지게 된다.

즉, 술을 마시고 싶은데 술을 마실 몸이 없어졌다 생각하니 갑자기 두려워진 것이다.

두려운 마음으로 그대가 갈 곳은 갈증의 사막에 태어나는 것뿐이다.

그대는 다시 태어나도 술을 찾지 못하는 곳을 만나게 된다.

그것이 그대의 마음 씀이기 때문이다.

또 고기를 먹고 싶은데 고기를 먹을 몸이 없다고 생각하니 갑자기 두려워지는 것이다.

이 마음으로는 그대가 구하나 얻지 못하는 고생을 모질게 하는 곳에 태어나게 될 것이다. 왜냐하면 그런 마음을 그대가 생기게 했기 때문이다.

잘 알아야 한다. 이것은 왜냐하면, 마음은 법을 만들고, 법은 마음을 따르기 때문이다.

마음과 법은 토기장이와 물단지의 관계와 같다. 토기장이의 마음대로 물단지는 만들어지고, 물단지의 모양대로 물은 채워지며, 그 물을 다시 토기장이가 쓴다.

사자(死者)여,
이와 같이 갖가지 두려움은 그대가 몸을 가졌을 때의 만족을 중심으로 그에 상응하여 생기기 때문에,
일단 어떤 마음이 생기면 마음의 일로 인해 그대로 이루어진다.
그대에게 몸이 없다는 것을 주의하라.
몸이 있을 때에는 몸이라는 물질체 때문에 생각대로 이루어지지 않았지마는,
몸이 없는 상태에서는 생각 그대로 이루어지기 때문에 매우 조심해야 한다.
내 말을 이해해야 한다. 만일 못 믿겠다면,
그대가 지금 어디 어디를 가겠다고 마음을 먹어 보라.
몸이 있을 때는 비행기를 타거나, 배를 타거나, 자동차를 타거나,
걸어가거나 해서야 갈 수 있었지만,
몸이 없는 지금 그대에게 그런 것은 아주 손쉬운 일일 것이다.
실험을 마쳤다면 이제 내 말을 어느 정도 이해하고 있을 것이다.

사자(死者)여,

사자여, 이제 부활[환생]의 신통을 부려보자.
그대는 새로운 자궁을 향해 마음의 눈을 돌려야 한다.
깨끗하고 싸움이 없는 안락한 어미의 자궁으로 들어갈 수 있을 것이다.
그대가 그토록 바라는 영생은 아닐지라도
환생을 통해 얼마든지 좋은 일을 할 수 있지 않겠는가?
그대는 죽지 않는다. 아무도 그대를 죽일 수는 없다.
그대는 다만 다시 태어날 뿐이다.

· 네팔 우단. 양모이신 마하파자파티가 부처님께 금란가사를 공양했던 곳에 세운 탑.

마음을 고르게 하라. 왜 붓다를 생각하지 않는가? 그대가 이제 실험을 다시 하라.

붓다의 거룩하신 모습과 그 가르침의 진실함과 이를 지켜 나가려는 모든 이들의 깨끗한 마음을 생각하라. 거기에는 진실한 법이 있어 좋은 나룻배가 되어 줄 것이다.

만약 그대 자신의 마음이 고르지 못하면 그대가 그대를 얼마나 두려움에 떨게 할 것인가?

그대는 이 두려움 때문에 피할 곳을 급히 찾는 순간,

탐욕과 성냄과 어리석음의 심보는 그대를 그만 악한 길로 인도할 것이다.

그러나 이것은 그대에게는 오히려 황금처럼 찬란한 빛으로 다가오며

그대가 그것이 사악한 것인 줄도 모르고

그 빛을 따라가는 순간 악도(惡道)에 태어나게 된다.

그러므로 결국 두려움을 가지지 말아야 한다.

그대는 이미 죽었다. 더 이상 두려워할 것은 없다.

그러니 마음을 두려움에 놓이게 하지 마라.

그래도 두려움이 있다면 "나무관세음보살"을 염송하라.

그대가 하나님을 믿든, 알라를 믿든, 아니면 아무도 믿지 않든 두려움은 존재한다.

그러나 그대가 "나무관세음보살"을 일심염송하면

이 보살님에게 신비스런 위신력이 있어 그대의 두려움이 없어지리라.

이것은 기교(技巧)이다.

그대가 누구를 믿는가에 따라 일어나는 환상이 아니라,

걸어갈 수 없는 밧줄 위를 걸어가는 것과 같은 기교이다.

불교를 믿건 믿지 않건, 그대는 이 기교에 의지하면 반드시 두려움은 없어진다.

두려움만 없어지면, 그때는 피할 곳을 급히 찾지 않을 것이고,

피할 곳을 급히 찾지 않으면, 그대를 유혹하는 금빛이 나타나지 않을 것이고,

그러한 금빛이 나타나지 않으면, 그것을 따라가지 않을 것이고,

그 빛을 따라가지만 않는다면, 그대는 악한 길에 떨어지는 일은 없을 것이다.

사자(死者)여,

그대는 몇몇 근본주의자들의 극단적인 마음이 조종하는 비행기에 타고 있다가 죽음을 맞았다. 또 그대는 아침 일찍 출근하여 막 커피를 한잔 하고 책상에 앉아 있다가 홀연히 죽음을 맞이하였다. 우리 모두는 그대가 어떻게 죽었는가를 다 보았다. 그대의 이해를 구하기도 전에 죽음은 돌진해 온 것이다. 이것은 이제 돌이킬 수 없는 일이다. 이것을 탓하지 마라. 그대에게 국한된 일이 아니다. 모든 이에게 죽음은 이처럼 도적(盜賊)같이 오고, 강도(强盜)같이 다가온다.

사자(死者)여,

　이미 벌어진 일에 대하여는 전능의 하나님 힘으로도 어쩔 수 없는 일이란 것은, 다시는 되돌아오지 않는 시간을 보고 우리가 다 아는 일이 아닌가? 그러니 이 일로 더 이상 무익한 하나님을 찾지 마라. 그럴 시간이 없다. 그대에게는 두려움과 그 두려움을 없애는 일만 기교적으로 남아 있을 뿐이다.

　그것은 바로 "나무관세음보살"을 일심염송하는 일이다. 오로지 일심염송해야 한다. 이 발음이 그대의 습관에 맞지 않다면 "나무 아발로키테스바라 보디샷트바"라고 해도 좋다. 너무 길다면 "나무 붓다"라고 하라. 이것은 지혜자의 음성이니, 그대에게 유익한 나룻배가 될 것이다.

　그대는 지혜자의 신비스런 위신력은 하늘의 모든 신(神)들을 전부 합하여도 흉내조차 내지 못하는 일임을 볼 것이다. 그러므로 걱정하지 마라. 지난날의 어떤 부분이 그대의 마음에 걸려 그것을 후회하는 것은, 그대의 지금 마음이지 다른 것이 아니다. 마음은 오직 마음으로 다스릴 수 있다. 마음이 다스리지 못하는 마음은 없다. 그러므로 마음이라 한다. 그것은 좋은 것이었다 생각하는 것도 그대의 마음이고, 그것은 나쁜 것이었다 생각하는 것도 그대의 마음이다. 그러므로 마음을 편안히 가져 마치 내일 갚아야 할 빚을, 어제까지 내내 걱정하다가 오늘 다 갚았다고 생각하라. 빚을 갚기 전에는 마음이 편치 못했으나, 오늘 빚을 갚았으니 얼마나 마음이 편하겠는가? 얼마나 홀가분하겠는가?

　그대가 아직 마음이 혼란에 빠져 있다면, 이제 참회하여 그 빚들을 갚도록 하라. 참회란 간단하다. 자기가 한 살생이, 빼앗음이, 사음이, 거짓말이, 술 취함이, 나빴던 것임을 솔직히 인정하고 다시는 그러지 않겠노라고 마음을 먹으면 그것이 바로 참회인 것이다. 참회하여 갚아지지 않는 빚은 없다. 왜냐하면 마음을 일으키면 이룰 수 없는 일은 없기 때문이다.

사자(死者)여,
그대는 지금 마음이 편안한가?
만약 편안하지 않다면 불편한 것은 무엇인가?
다리가 저리거나 허리가 아픈가? 고질적인 기침이라도 나는가?
마음에는 그런 것이 없다.
아니면, 혼자만 아는 몸과 관련된 일을, 남아 있는 사람들에게 알리지 못하여 불편한가?
모두 잊어버려라. 부질없는 일이다.
왜냐고 늦어도 수십 년 안에 그들도 그대처럼 똑같이 될 것인데,
안들 어쩌고, 모른들 어쩌겠는가.

자, 이제 마음이 진정되었으면, 진정된 마음으로 한순간만이라도
마음에서 탐욕과 성냄과 어리석음을 회피하는 순간을 가져 보고자 마음먹어라.
탐욕은 그대를 괴로움에 인도할 것이다. 이 괴로움은 지옥과 같다. 아니 지옥이다.

성냄은 그대를 싸움터로 인도할 것이다. 이 싸움터는 그대를 쉽게 놔 두지 않는다.

어리석음은 그대를 축생의 들판으로 인도할 것이다.
이 어리석음은 몸이라는 굴레를 뒤집어쓴 순간,
그대로 마냥 굴러가니, 즉 축생이라 한다.
만일 한번 이 삼악도(三惡道)에 떨어지는 날 빠져 나올 기약이 없다.
그러니 지금 속히 내가 말하는 방편으로 들어오라.
시간이 없다.
다음과 같이 암송하라.
"나는 깨끗한 계행을 지키리라〔戒學〕."
"나는 고요한 선정을 익히리라〔定學〕."
"나는 모든 사물을 있는 그대로 통찰하리라〔慧學〕."

그대가 만일 이와 같은 나의 권고에 귀를 기울인다면,
비록 음계(陰界)에 있다 해도 이미 두려움은 없어졌으리라.
이 세상에는 두려움도 많지만, 두려움을 없애는 길도 많다.
두려워하지 마라. 그대에게 더 이상 두려워할 일이 없다.

거듭 말하거니와 사자(死者)여, 모든 것은 마음이다.
사는 것도 마음이고, 죽는 것도 마음이다.
그러나 마음 자신은 살지도 죽지도 않는다.

모두들 그대가 죽었다고 하지만, 그대는 이렇게 살아 있지 않은가?
아니라면 그대가 어떻게 아직도 보고 듣고 느낀단 말인가?

자, 이제 부활(환생)의 신통을 부려보자.
그대는 새로운 자궁을 향해 마음의 눈을 돌려야 한다.
깨끗하고 싸움이 없는 안락한 어미의 자궁으로 들어갈 수 있을 것이다.
그대가 그토록 바라는 영생은 아닐지라도
환생을 통해 얼마든지 좋은 일을 할 수 있지 않겠는가?
그대는 죽지 않는다. 아무도 그대를 죽일 수는 없다.
그대는 다만 다시 태어날 뿐이다.

사자(死者)여,
그대에게 축복된 탄생이 있기를 바라노라.
부처님과 그 법과 승가에게 귀의하는 마음으로….

6
업장소멸에 대하여

    불교는 업(業: 행위)을 인정하는 가르침의 종교이다. 이는 우리 불교에만 있는 독특한 관념이므로, 이에 관한 언급은 인연 있는 이들에게만 주고받을 수 있는 말이다. 업에 관하여 듣지도, 알지도, 믿지도 아니 하는 외도(外道)들과 어울릴 수 있는 말이 아닌 것이다.
    업이란 인과(因果)를 믿는 이들의 믿음을 뭉뚱그려 하는 말이다. 생로병사와 그 생로병사 속의 우비고뇌·희로애락, 이런 것들의 근본원인은 하나님이 아니라 바로 업에 있다고 보기 때문에, 그 업을 잘 다스려야 장애들을 덜 만나거나 피할 수 있다고 생각한다.

    업의 양상은 그야말로 불가측(不可測) 불가설(不可說)하여 가히 측량할 수도 없고, 모두 설명할 수도 없다. 바로 이 업이 다른 까닭에 60억 인구의 얼굴 모습과, 성질머리와, 사는 양태와 밟는 땅이 다른 것이다. 또한 바로 이 업이 비슷한 까닭에 사람은 사람끼리, 짐승은 짐승끼리, 신(神)은 신끼리 어우러져 사는 것이기도 하다.

　부처님 표현[연기]으로는 '이것이 있으므로 저것이 있고, 이것이 생기므로 저것이 생긴다. 이것이 없으면 저것이 없고, 이것이 사라지면 저것도 사라진다는 관계에 놓여 있는 것'을 업이라 한다. 좋은 업은 좋은 길을 가게 하고 나쁜 업은 나쁜 길을 가게 하는데, 이때 나쁜 업으로 인한 현재의 마음과 몸의 장애들을 가리켜 업장(業障)이라 한다.

　업장은 '스스로 아는 것'과 '스스로 모르는 것' 두 가지가 있다.
　'스스로 안다'고 함은, 지금 받고 있는 이것이 괴로움임을 안다는 것이니, 마치 도둑이 남의 물건을 훔친 과보로 감옥에 가게 되면, 그것은 스스로를 구속하는 것이어서 좀처럼 벗어나지 못하는 괴로움임을 아는 것과 같다. 또는 담배를 피우는 여자가 스스로 흡연이 자기 몸을 해치는 것과, 품위가 추락하는 것과, 남자들이 가벼이 보고 낌새를 노림을 알지만, 제어하는 힘이 그러한 멸시를 떨칠 만큼 미치지 못하여 계속 담배를 피워대고, 마침내는 몸을 망치고, 낌새를 비집고 들어온 여러 사람들과의 복잡한 관계의 과보를 받고, 그리하여 자기 내면의 고상함과 현실적인 저급함 사이에서 생기는 괴리로 인하여 많은 갈등과 자책감에 떨어지는 것 역시 스스로 아는 업장인 것이다.
　'스스로 모른다'고 함은, 뒷간에 사는 구더기가 자기가 사는 곳이 이 세상에서 가장 더러운 똥무더기 속임을 전혀 알지 못할 뿐만 아니라, 심지어 관속에 있는 사람의 시체를 뒤져 집을 삼고 있음을 전혀 알지 못하는 것과 같다. 또는 어떤 사람이 버젓이 자기 아내가 따로 있음에도 불구하고, 어떤 인연으로 어여쁜 여자를 만나게 되어, "이것은 천년의 사랑이다. 운명적인 만남이다"라며 오욕락(五慾樂)을 즐기다가, 마침내 비루한 노후를 만나 그 사랑스럽던 여인도 떠나고, 아내마저 외면하는 곳에서, 쓸쓸히 오후의 햇살을 조금이라도 더 받을 수 있는 곳을 찾지만, 이미 남들이 다 차지하고 있어 그마저 어려운 상황에서도 지난날의 운명적인 사랑의 추억에 잠겨 있는 것과 같다.

이렇게 업을 알고 모르는 차이는 있지만, 둘 다 한결같이 바른 법의 결실을 방해하므로 업장이라 한다. 흔히 '뜻대로 안 된다'고 할 때의 '뜻'과 '안 됨'의 괴리를 일러 업장이라 하는 것이다. 모든 중생은 다 가볍고 중한 차이는 있을지라도, 뜻대로 안 되는 처지에서는 어쩔 수 없다. 즉, 업장에 놓여 있다는 것이다. 그런데, 문제는 이 '업장소멸'이란 개념이다. 업장은 과연 소멸되는 것인가? 만약 소멸된다면 과거의 업장이 소멸되는 것인가? 현재의 업장이 소멸되는 것인가? 또는 미래의 업장이 소멸되는 것인가?

'업장을 녹인다, 업장을 소멸한다'고 하는 것은 결론적으로 말해서 자기 부정의 말이다. 모순된 말이라는 것이다. 부처님이 만일 업을 말씀하셨다면, 이 '업장을 소멸한다'고 하는 것은 부처님을 반역하는 말이다. 왜 그렇지 않겠는가?

부처님은 업으로 인하여 우주 삼라만상과 그 속에 살코기들이 들어앉아 오락가락하는 것이라 하셨는데, 만일 어떤 사람이 "업장을 소멸하자, 업장은 소멸된다, 업장을 녹이자, 업장은 녹여진다"라고 할 것 같으면, 그것은 업을 말한 부처님을 거역함이니, 반역이 아니고 무엇이란 말인가? 만일 반역이 아니라면, 그는 또 하나의 가르침을 펴는 교주이니 불교인이 아니어야 한다. 그리고 그렇게 주장하는 그 사람은 과연 석가모니 부처님보다 뛰어난 깨달음을 성취하여 부처님도 발견하지 못한 '업장소멸의 비법'을 깨우친 것이란 말인가?

여기서 우리가 살펴야 할 것은 업장(業障)과 업보(業報)는 좀 달리 써야 하지 않을까 하는 것이다.

지은 업으로 인한 과보(業報)는 부처님까지 피할 수 없음은 우리가 잘 알고 있다. 그러나 그러한 과보로 인하여 아무런 장애를 받지 않는다면, 업장이란 부처님과 성과(聖果)에 든 보살님들에게는 존재하지 않는다고 봐야 한다. 예컨대, 부처님이 살아 계셨을 적에, 심한 흉년이 들어 부처님과 대중이 음식을 구하지 못하여 이만저만 곤란한 처지가 아니었다. 할 수 없이 부처님은 대중을 흩어지게 하시고는 각자 음식을 구할 수 있는 지방으로 가서 수행하도록 하셨고, 부처님 스스로는 말이 먹는 거친 겨보리를 드시지 않으면 안 되었다. 부처님과 다른 제자들은 말이나 먹는 겨보리를 음식으로 드시는데, 오직 부처님의 제자인 사리불만은 천공(天供: 천신들이 바치는 하늘 음식)을 받아먹었다. 이것은 그럴 만한 과보(業報)에 의한

'업의 과보'를 두려워하지 말라. 받을 것을 받아야 한다.
그것이 바로 '업의 장애'를 소멸하는 것이다.
이러한 업장소멸은 부처님께 귀의하면 귀의하자마자 그 즉시 바로 시작되는 것이다.
어찌 보살의 경지에서만 이루어지는 것이겠는가.

· 인도 바라나시 갠지스강.

것이다.

하지만 부처님은 겨보리를 드시면서 아무런 불편함을 느끼지 못하셨고, 사리불 역시 천공을 드시면서 아무런 수승함을 나타내지 않았다. 그분들은 업의 과보로부터 아무런 장애를 느끼지 못하셨던 것이다. 즉, '업의 보'는 있되 '업의 장애〔業障〕'는 없는 것이다.

흔히 우리 불자들이 이를 혼동하여 '업의 과보'와 '업의 장애'를 같이 쓰는 데 문제가 있다. '업의 과보'는 절대 소멸시킬 수 없다. 그렇지 않다면, 왜 부처님이 업을 말씀하셨겠는가? 한두 생도 아니고, 천만억 생도 아닌 무량한 생을 지내 온 몸으로서, 그때마다 지어 온 업을, 한 몸 한 몸으로 받아 나가느라 무진(無盡) 생을 다시 쓰고 있는 판에, 업의 보를 소멸하는 것은 불가하다. 왜냐하면 한 몸으로 업을 받기도 짓기도 하는 까닭에 이 업에서 잠시도 쉴 사이가 없기 때문이다. 깨진 독에 물 붓기이니 어느 세월에 뜻을 이루겠는가?

그러므로 불자들은 '업의 과보'를 두려워하지 말고, 받을 것을 받아야 한다. '업의 과보'를 두려워하지 않고 '받아야 할 업은 받는 것'이 바로 '업의 장애'를 소멸하는 것이다. 이러한 의미의 업장소멸은 부처님께 귀의하면 귀의하자마자 그 즉시 바로 시작되는 것이다. 어찌 보살의 경지에서만 이루어지는 것이겠는가? 만일 보살의 경지에서만 이러한 업장이 소멸된다고 한다면, 극락에 왕생할 자가 거의 없을 것이고, 극락정토에 왕생하는 자가 드물다면, 아미타부처님과 아미타부처님을 소개해 주신 석가모니부처님까지 허망한 말을 한 것이 된다.

오히려 보살은 극락정토에 들기가 어려울지 모르지만, 오히려 평생 부엌데기 무식한 아줌마와 막노동하는 아저씨들이 그 많고 많은 업장을 짊어지고도 그대로 극락정토에 갈 수 있는 것이니, 그 아니 묘한 맛인가!

거듭 말하지만, '업장소멸'을 '업의 과보'와 혼동하여 쓰지 말기를 바란다. 여기 담배 피는 사람이 있어 담배를 피우는데, 먼저 담배에 불을 붙이고, 한 모금 깊이 빨아들여, 폐와 오장육부를 돌게 한 다음 내뿜으면, 허공에 희뿌연 연기가 가득 차게 된다. 당신이 만일 원인이 있으면 결과도 있다고 하여 '그 원인만 없애면 결과도 없앨 수 있다'는 소견을 가진 사람이면, 한번 시도해 보시라. 저 허공에 퍼진 담배 연기를 다시 거두어 그의 입 앞으로 모아 오고, 다시 그의 입안을 통하여 오장육부를 거듭 돌게 한 다음, 폐부로 흘러들게 하고서 다시 담배 속으로 들어가도록 왜 못하는가? '원인만 없애면 결과도 없앨 수 있다'는 것은 참회에 해당하는 것이지, 이미 저지른 업에 해당하는 것이 아니다. 참회하면 다시는 그러한 업(담배를 피우는 업)을 짓지 않으므로, 앞으로는 '그러한 업으로부터 괴롭힘을 당하지 않는다'는 뜻일 뿐이다.

불자들이여, 우리들은 다함 없는 결의로 뒤로 물러서지 말고〔不退轉〕, 결코 악업(惡業)은 짓지 말고, 선업(善業)은 부지런히 지어야 한다면, 마땅히 이러이러한 것은 하지 말고 저러저러한 것은 하여야 한다면, 그것은 바로 살생하지 말고, 주지 않은 남의 것은 갖지 말며, 때 아닌 때에 섹스를 찾지 말며, 거짓으로 말하지 말고, 술과 담배 같은 허망한 것에 기대지 말아야 할 것이다.

　널리 다른 사람의 뜻도 꺾지 않는데 하물며 다른 것의 생명을 어찌 꺾을 것인가 하고, 널리 은혜를 갚아야 하는데 하물며 어찌 뺏을 것인가 하고, 널리 거두어 보살펴야 하거늘 하물며 어찌 취하여 데리고 눕겠는가 하고, 널리 두루두루 살펴 인연을 보아서만 말할 것인데 하물며 어찌 아무렇게나 말할 것인가 하고, 널리 추슬러 몸과 마음을 정갈하게 두어야 할 것인데 하물며 어찌 술과 담배 따위에 기대어 몸과 마음을 흐릿하게 둘 것인가 하고, 이처럼 항상 스스로 경계하고 경책하여 잠시도 어긋나지 말아야 한다.

　"불자이시어, 자신의 입에서 한 번 뿌려져 나간 담배연기는 결코 되돌려 거두어들일 수 없다는 사실을 명심하소서. 인연 있는 분들 부디부디 듣기 바라오며 …."

7
업장소멸의 비법

불교는 업(業)을 인정하는 종교다.

그래서인지 이 업이라는 말은 불교를 믿지 않는 사람들도 다 아는 상식적인 말이 된 지 오래이다. 흔히들 업장(業障)을 녹인다는 말을 많이 하는 것 같다. 어떤 현상, 예컨대 생로병사와 그 생로병사 속의 우비고뇌희노애락(憂悲苦惱喜怒哀樂), 이런 것들의 근본원인은 하나님이 아니라 바로 업(業)에 있기 때문에 그 업을 잘 다스려야 장애들을 덜 만나거나 피할 수 있기 때문에 쓰는 말이다.

그러면 업이란 무엇이냐? 업이란 하나의 준동이다. 에너지를 가진 것은 다 '업 덩어리'이다. 에너지는 항상 준동하려는 힘을 보유한 것이다. 그럼 에너지란 뭐냐? 그것은 텅 비어 있는 것(空)이다. 자체도 없고 인연의 화합도 아니고 자연적인 것도 아니다. 그래서 업의 양상은 그야말로 불가측(不可測) 불가설(不可說)하여, 가히 측량할 수도 없고 다 설명할 수도 없는 것이 바로 이 업이다.

그런데, 내가 말하고자 하는 것은 이것이 아니다. 업장을 녹인다, 업장을 소멸한다고 하는 그것에 대하여 말하고 싶은 것이다. 업이란 말은 일반인들도 다 쓰는 말인데, 이 업장소멸이나 혹은 업장을 녹인다는 말은 불교인들 사이에서만 주고받는 말이다. 아마도 불교인들은 너도나도 도 통한 사람들이 많아서 그런지 모르겠지만, 툭 하면 너도나도 이 말을 쓴다.

사부대중(四部大衆: 비구·비구니·우바새·우바이)이 너도나도 할 것 없이 다 업장소멸하라, 업장소멸한다, 업장을 녹이라, 업장을 녹인다, 하는 말을 주고받으면서 108배, 3천배, 나무아미타불, 관세음보살을 밤낮으로 염하기도 하고, 하라고 시키기도 한다.

여기 오시는 불자여러분은 이 기회에 어떻게 생각할 것인가를 심중에 정해 두는 것이 유익할 것이다. 만일 '업장소멸'이나 '업장을 녹인다'는 것이 이치에도 맞고 사실과도 맞다고 하면 어찌하여 부처님 재세시(在世時)에 부처님이 머무르시던 나라는 큰 흉작을 만나고, 부처님은 먹을 것이 없어 무려 석 달 동안을 마맥(馬麥: 말의 먹이인 거친 겨)을 잡수셨는가?

부처님의 조국인 카필라가 강대국으로부터 침략 받았을 때에 부처님이 홀로 침략군이 지나가는 길가의 나무 아래 앉아 위엄을 보이시어 침략군의 거병을 두 번씩이나 자제하게 하였는데, 왜 세 번째에는 이를 보고만 있고 만류하지 않으셨는가? 부처님의 깨달음이 오늘날의 업장소멸파들의 그것만 못하여 당신의 업을 소멸하거나 녹이지 못하시고 고스란히 받으셨던 것인가?

업(業)은 부처님도 어쩔 수 없는 것이다. 날아오는 화살을 방패로 막는 것은 가능하나 소멸시키거나 녹여 없앨 수는 없는 것이다. 튀는 불똥을 물로 끌 수 있어도 불똥을 녹이거나 소멸시킬 수는 없는 일이다. 만일 업장소멸을 진정으로 그렇게 믿고, 신앙하는 사람이 있다면, 저 어리석은 외도(外道)들로부터 우상숭배의 비난을 받아도 그물에 갇힌 사슴처럼 꼼짝없이 뒤집어쓰고 말 것이다.

혹자는 말할 것이다. 비록 그렇게 한(업장소멸 한다고, 업장을 녹인다고) 108배나 삼천배나 염불이나 좌선 등이 업장이야 소멸시키지 못한다고 하더라도 공덕이 있어서 방패는 되지 않겠느냐고…. 어림없는 소리이다. 마음에 그리는 대로 이루어지는 것이니, 업장소멸한다고, 업장을 녹인다고 하여 그렇게 했으니 모래로 밥을 쪘는데 무슨 공덕이 있겠는가? 그대는 그렇게 하면 모래가 밥은 안 되더라도 누룽지는 되리라 믿는가? 어디 가서 그런 말하는 사람을 보거든 그 모습이 크건 작건 깨끗하건 단정하건 고양이를 호랑이로 잘못 보았구나! 하고 얼른 그 자리를 떠나기 바란다.

그는 부처님 제자가 아니다. 업은 지으면 반드시 받아야 하므로, 업을 잘 지으면 잘 받고, 잘 못 지으면 잘 못 받으니, 그러므로 평소 자기의 힘을 잘 써야 한다. 이 몸과 마음은 항상 무엇인가를 준동하는 태도를 취하므로 잘 섭수하여야 한다. 그 길밖에 없다. 이것이 업장소멸의 비법 아닌 비법이다.

8
편 가르지 마라

어떤 사람은 말한다.
나는 천주교인이니 모든 천주교인들이 자랑스럽다고.
어떤 사람은 말한다.
나는 개신교인이니 마리아를 숭배하지 않는 것이 자랑스럽다고.
어떤 사람은 말한다.
나는 오직 성경말씀에만 의지하여 선악을 시비하는 기준으로 삼으므로
성경에 충실하지 못한 것은 정통이고 뭐고 부끄럽게 여길 뿐이라고.

생각건대, 사람에게는 동서남북과 상하가 있지만
정작 허공 스스로에게는 동엘 가도 동이 없고,
서엘 가도 서가 없으며 남엘 가도 남이 없고 북엘 가도 북이 없다.
위엘 가도 상(上)이 없고 아랠 가도 하(下)가 없다.

사람에게는 천주교 · 개신교 · 불교 · 회교 · 공산주의 · 민주주의 · 정통주의 · 이단주의 등, 온갖 구별이 있지만, 진리 스스로에게는 천주교 · 개신교 · 불교 · 유교 · 공산주의 · 자본주의 · 정통주의 · 이단주의는 없다. 아니 아예 없기 때문에 그런 것을 포함하지도 내뱉지도 않는다.

그럼에도 불구하고 무슨 목멜 일이 있다고 '너'만 있을 뿐인가?

동쪽으로 가는 '너'가 있고, 서쪽으로 가는 '너'가 있고, 남으로 가는 '너'가 있고, 북으로 가는 '너'가 있고, 위로 가는 '너'가 있고, 아래로 가는 '너', 오로지 '너'만 있을 뿐이다. 그러므로 항상 그 '너'가 문제다.

이런 사색의 멋을 들이지 않는 한, 당신의 모든 사유와 기도와 찬양과 예배와 덕성과 윤리와 지혜조차도 한낱 거렁뱅이의 몸치장에 불과하다. 비웃음만 살 뿐.

모든 것은 하나의 방편이다. 단, 방편의 수승(殊勝)함에 따른 차이가 있을 뿐이다.

기독교〔구교, 신교, 요즘교 포함〕가 없으면 당신은 그들을 무슨 방편으로 구하려는가? 대안(代案)이 있는가? 이땅에 불교가 없어서 그들이 기독교를 택했겠는가? 부처님이 모자라 그들이 하나님을 택했겠는가? 마리아가 못나서 그리스도만 택했겠는가? 그리스도만으론 모자라서 한 국가가 있고 국가 안에 질병과 재난으로부터의 방어를 위해 온갖 인프라시스템이 있는가?

인간의 모든 사상은 시스템 선택을 위한 것이고, 시스템 선택은 자기의 행복추구를 위한 것이다. 그것이 현명하든 우매하든 다 나름대로의 방편이 있는 것이다. 이 행복은 현명한 자의 것만도 아니요, 이 행복은 신체와 정신이 구족한 자의 것만도 아니라는 것을 명심하라. 그리고 행복은 선택된 민족이나 선택된 자들만의 것이 아님을 또한 명심하라. 그것은 목숨을 가지고 태어난 자, 모두의 것이라는 게 차라리 가장 알맞다. 모든 목숨은 그것 자체로 완벽하며 가장 알맞다. 거기에 따로 무엇을 더 보탠단 말인가?

사자에게 날개를 더 보태야 하는가? 개미에게 아이큐를 더 보태야 한단 말인가? 앉은뱅이에게 다리 하나를 더 보태야 한단 말인가? 이것은 오히려 다 흉한 일들이다. 그것은 선택된 것이 아니라 선택한 것이다. 그래도 그대가 선택되었다고 말하고 싶다면, 그것은 당신이 선택됨을 선택한 것뿐이다.

그렇다면 이제 우리는 어찌할 것인가?
나는 말하고 싶다.
"그냥, 그대로 놔두라. 너그럽게가 아니라 자유롭게."

방해하지 마라.
당신은 심술궂은 어린아이가 아니질 않는가?
심술만 없으면 되지, 너그럽기까지 할 필요는 없다.
이제부터 당신이 할 수 있는 것을 가르쳐 주겠다.

당신이 할 수 있는 것은 빨래를 하여 따뜻한 햇볕에 마르도록 잘 널어놓는 것뿐이다.

이 얼마나 간단하고 명료하며 비침략적인가!

여기에 더 나아가서 차곡차곡 개어 놓았다면 더욱 친절한 것이겠고.

입고 안 입고는 그의 선택에 맡겨라.

그리고 제발 내가 한 빨래만이 깨끗하다고 주장하지 마라.

그것은 사실이 아니기 때문이다.

그것이 사실이 아니다 라고 그대에게 증명하여 주기 위하여

내가 그대를 이웃집 마당에 끌고 가 볼 필요는 없지 않은가?

남들도 다 저마다 빨래를 하고 산다.

그러니 너무 남의 살림에 깊이 관여하지 말기를.

9
말[語]의 성취

말[語]의 성취.

모든 말은 남에게 하는 것 같지만, 사실은 다 스스로에게 하는 것이다. 당연히 그 말의 성취함도 자신이 받는다. 이를테면 남을 축복하는 말은 먼저 자신을 축복한 다음 남에게 성취된다. 어떤 사람이 방 안에서 창밖을 보는데 있어, 먼저 방 안을 보지 않고 창밖의 사물들을 볼 수는 없다.

똑같은 이치로 만일 남을 저주하거나 세상을 저주하는 말을 한다면, 그 말은 먼저 자신에게 이루어지고 난 후에야 비로소 남과 세상에 이루어질 수도 있고, 이루어지지 않을 수도 있다. 어떤 사람이 남[他人]과 약속을 하고서 그 약속장소에 가기로 한다면 먼저 스스로 가지 않고서는 약속한 사람을 만날 수 없지만, 상대가 반드시 약속을 지키리라고는 장담할 수 없는 일이므로, 상대가 약속대로 올 수도 있고 안 올 수도 있는 것과 같다.

이런 까닭에 동서고금을 통틀어서 성자나 현자들, 심지어 나 같은 보통사람들까지도 말〔語〕의 씨앗을 조심하여 차라리 침묵할지언정 함부로 말하지 말아야 한다고 하는 데 깊은 신뢰를 보내는 것이다.

지금 그대는 어떠한가?
혹시, 방금 타인과 세상을 향하여 높은 산에 올라가 차오르는 숨으로, 그대의 사상과 뜻을 같이하지 아니 한다고 하여 인정사정없이 저주하거나 몰가치하게 업신여기는 말을 하지 않았는가?
여기에 어떤 아비가 있어, 자기의 졸렬한 어린 아들이 스스로는 전혀 힘이 없는데도 불구하고, 자기 아비의 힘센 것만 믿고 동네방네를 다 돌아다니면서 다른 아이들의 코를 비틀고 정강이를 까대는데도 그 아비가 사람들에게 말하기를 "보라, 우리 아이는 지혜가 자라고 총명이 자라고 있는 중이다"라고 한다면 그대는 이치에 맞는 말을 그가 하고 있다고 생각하겠는가?

그러한 가르침과 그러한 믿음에는 이러한 흠이 있어, 자세하지 못하고, 세밀하지 못하고, 거칠고 투박스러운 것이니, 살생을 말하지 않고 살인만 말하며, 위없는 깨달음을 말하지 않고 자기의 깨달음만 말하며, 세 가지〔身口意: 뜻과 말과 몸〕로 살피지 않고 한 가지〔몸〕로만 살피는 것이다.

말을 조심하라.
말은 먼저 뜻으로 나오나니, 반드시 뜻으로 먼저 이루어서야 말이 나오는 까닭이다. 뜻은 말과 몸을 성글게 하여 다시 뜻이 받게 하므로 그대로 이루어짐은 시간 문제이다. 잘못을 빨리 깨닫고 참회하지 않으면, 어이없게도 말 한 마디로 인한 과보를 몸과 마음이 받아서 괜한 고초를 당하게 된다.

　한 해의 시작과 마무리는 어떠하신가? 말의 씨앗을 염두에 두고 조심하여 말을 하면서 살면 365일을 잘 보낼 수 있지 않을까? 유능한 장수는 한 몸으로 여럿을 상대하듯, 만약에 1년 중에 참회하는 5일이 있으면 나머지 360일의 삼업(三業: 身口意)을 상대하여도 모자라지 않을 수도 있다. 유능한 장수가 자기 한 몸으로 여럿을 상대하듯 말이다. 말에 따르는 그 과보를 깨달아야 한다.

10
유위법(有爲法)과 무위법(無爲法)

나 중심으로 살면 유위법이고,
나 중심으로 사는 것을 해탈하면 무위법이다.

거시적인 것으로 우주가 있다.
우주는 은하계들로 이루어져 있고,
은하계는 항성과 암흑물질로 이루어졌고,
그 속에는 행성들이 있고,
행성들은 물질들로 이루어져 있고,
물질에는 유생물과 무생물이 있고,
유생물과 무생물은 지수화풍(地水火風)으로 이루어져 있고,
지수화풍은 보이는 것과 보이지 않는 것들로 이루어져 있고,
그것들을 쪼개면 원자로 이루어져 있고,

원자는 분자로, 분자는 양자로, 양자는 쿼크로 쿼크는 또 어떤 소립자로⋯.

이러한 유위법은 가히 끝이 없다.
그것을 논리적으로 표현하면 일체가 다 수(數)로 이루어져 있는데,
수(數)에는 앞으로든 뒤로든 끝이 없다.
큰 것 속에 작은 것이, 작은 것 속에 다시 더 작은 것이⋯.

왜냐하면 유위법이란 그런 것이기 때문이다.
그것은 제행무상(諸行無常)의 이치에 놓여 있어서 하는〔行〕 족족 늘어가거나
줄어가는 것일 수밖에 없다.
미시적인 것으로 어떤 소립자가 있다.
소립자는 쿼크로 들어가고, 쿼크는 양자로 들어가고, 양자는 분자로, 분자는 원자로, 원자는 물질로, 물질은 보이는 것과 보이지 않는 것으로, 보이는 것과 보이지 않는 것은 지수화풍으로, 지수화풍은 유생물과 무생물로, 유생물과 무생물은 행성 속으로, 행성은 항성으로, 항성은 은하로, 은하는 초은하로, 초은하는 초초은하로, 내지 우주로⋯. 이것 역시 끝이 없다.

앞과 뒤로 반복하여도 끝이 없는 까닭은 그것이 유위법인 까닭이다.

생로병사는 '나' 중심의 유위법.
      그렇기 때문에 내가 태어나고 내가 늙고 내가 병들고 내가 죽는다고 호들갑을 떤다.
나의 남편이 바람났다고, 나의 아들이 말썽을 피운다고,
      나의 삶이 가난하다고 가지가지 호들갑을 떤다.
    그렇기 때문에 우주가 팽창한다고 양자가 일정하지 않다고 또 호들갑을 떤다.
      그대여, 깨닫지는 못할지라도 이렇게 알기만 하여도 흘가분하다.
        하물며 깨닫는다면 얼마나 대단할까? 어떻게 될까?

· 인도 아잔타 석굴.

즉, 그것을 관하는 것은 바로 '나'이기 때문이다.

나 중심으로 쪼개고 뭉치고 하기 때문에 내가 이해하여야 하고,

내게 맞게 쪼개 나가고 뭉쳐 나가야 한다.

이것이 가장 객관적이라고 우리가 동의하는 물리(物理)인 것이다.

그러나 사실은 가장 주관적인 것임을 알아야 한다.

왜냐하면 그것은 다 '나' 중심의 것이기 때문이다.

우리는 과학이 아주 객관적인 것 중의 하나이다라고 알고 있지만,

그것은 사실 내가 이해하는 하나의 주관적인 방법에 지나지 않는다.

남편이 있다.

아내가 있다.

아이들이 있다.

주변이 형성된다.

분위기가 설정된다.

설정된 분위기는 어느덧 나의 것(properties)이 되고,

조금이라도 벗어나면, 심한 위기감을 느낀다.

'나' 중심으로 설정된 것이기 때문에, 당연히 이해가 안 되어 괴로워한다.

남편의 외도,

아이들의 삐뚤어짐,

집안 분위기가 엉망으로 됨,

이러한 것은 끝이 없다. 마치 앞의 물리법칙이 그렇듯이 —
그것들이 다 '나' 중심으로 이루어지는 유위법인 것을 모르고,
혹은 이성적으로, 혹은 감정적으로, 혹은 지성적으로 등등,
갖은 수사를 다 동원하면서 자기의 인격에 부여된 가치를 찾으려 하면서도
정작 다 '나' 중심으로 설정된 것들이 쪼개지고 뭉쳐지는 중인 것임을 전혀 알지 못한다.

우리 불자들은 유위법과 무위법을 함께 배운다.
이른바 유학(有學)일 때에 그런 것들을 다 배운다.
무위법은 우리가 유위법에 머무는 한 그냥 말로만 듣는 망고 맛에 불과하다.
그런 것이 있는 줄은 알지만, 직접 쓸 수 있는 보검이 아니다.
그런데 이상한 일이 아닌가? '나' 중심으로 내가 설정한 것들이라고 알기만 하여도,
문득 사물들이 이상하게 보이는 것이 말이다.
결국,
생로병사는 내가 '나' 중심으로 설정한 문법에 지나지 않는다.
그렇기 때문에 내가 태어나고 내가 늙고 내가 병들고 내가 죽는다고 호들갑을 떤다.
그렇기 때문에 나의 남편이 바람핀다고, 나의 아들이 말썽을 피운다고,

나의 삶이 가난하다고, 가지가지 호들갑을 떤다.
　　그렇기 때문에 우주가 팽창한다고 양자가 일정치 않다고 또 호들갑을 떤다.
　　그대여, 깨닫지는 못할지라도 이렇게 알기만 하여도 홀가분하다.
　　하물며 깨닫는다면 얼마나 대단할까? 어떻게 될까?

11
사대와 오온

사대(四大)란? 우리 몸은 물질이다.
물질을 성질과 모양으로 크게 나누면 네 가지의 요소로 나뉜다.
지(地)·수(水)·화(火)·풍(風)이 그것이다.
몸이 '지·수·화·풍'으로 되어 있는데,
마음이라고 몸을 닮지 않겠는가.

오온(五蘊)이란? 색(色)·수(受)·상(想)·행(行)·식(識)이다.
이 오온 자체는 아무런 잘못이 없다.
오히려 오온을 구족한 것은 장애가 아니라는 뜻이다.
오온 자체에 문제가 있는 것이 아니다.
오온을 '나'라고 여기는 그대에게 문제가 있는 것이다.
오온을 '항상하다'고 여기는 그대에게 문제가 있는 것이다.

오온은 '나'요, '상(常)'이라고 여기는 데서 괴로움이 생기는 것을, 알지 못하는 그대에게 문제가 있는 것이다.

'유마와 수자타의 대화' 시리즈를 간행하며

1

이 시대의 선남자 유마거사와 선여인 수자타의 대화록인 '유마와 수자타의 대화' 시리즈는, 어여쁜 '수자타'의 상큼하고 진지한 물음과 깊은 혜안을 가진 '유마'의 명료한 답변을 통해, 언어가 표현하는 한계를 뛰어넘어서 통찰의 근원에 이르게 하는 지혜의 책들입니다.

흐르는 물같이 막힘없는 답변과 적절한 비유를 통한 예리한 논법은 마치 『중론』과 『밀린다왕문경』을 연상하게 하고, 그 처음부터 끝까지 무한한 감동으로 이어져 읽는 이로 하여금 일대사인연(一大事因緣)의 자리가 되게 합니다.

이 글에 등장하는 '유마'는 대승경전인 『유마경』을 설한 분이시고, '수자타'는 고행자 싯다르타 보살에게 우유를 공양한 여인으로, 불교 역사에서 상당히 중요한 역할을 한 주인공들입니다. 실제 인물인 유마[故김일수님]

와 수자타[한때 천주교인이었는데 불교에 귀의하여 유마께서 수자타란 이름을 지어 주었음]의 대화체로 된 이 글들은, 개신교회의 장로이셨던 유마의 아버님과, 그 아들인 유마와의 대화에서 오고갔던 내용들을 정리하여 인터넷(cafe. daum. net)에 올렸던 것입니다.

2

이 글이 처음 등장한 곳은 어느 종교 사이트의 토론방이었습니다. 처음 1~4편이 올려지는 동안, 문체의 유연함과 논리의 정밀함에 놀란 여러 종교의 논객들이 제대로 반론을 제기하지 못하고, 마냥 우두커니 바라보기만 했었지요. 그렇게 되자, 유마님은 혹시 다른 종교에 누를 끼칠까 저어하여 그곳에 더 이상 글을 올리지 않고 독립된 카페를 만들어 글을 올렸습니다.

그렇게 올려진 글이 무려 800쪽이나 되었습니다. 이렇게 탄생한 이 글은 그분 자신이 밝혔듯, '누구에게 보여주기 위함'이거나 '스스로를 드러내기 위함'이 아니라, 오직 '자신에게 이야기하기 위함'이었던 것입니다. 그러므로 자기성찰의 길에 나선 사람들에게 이 글은 더없이 좋은 길잡이가 되고 길동무[道伴]가 될 것입니다.

3

이 글을 쓴 김일수[유마] 님은 제주도 서귀포의 조그마한 시골마을에서 태어났습니다. 시와 음악은 물론 철학에도 남다른 재능을 타고났었지요. 하지만, 그는 3대째 개신교 집안의 장남답게, 청소년기에는 1주일 동안 방문을 걸어 잠그고 기도를 했을 정도로 예수와 성경만을 생각한 골수[정통] 개신교인이었습니다. 그의 눈에 비쳤던 불교는 단지 우상을 숭배하는 하나의 집단일 뿐이었습니다.

그러던 어느 날 우연히 친구를 따라 중문 광명사에 갔다가, 그 절의 서가에 꽂혀 있는 『대승기신론』 역본(譯本)을 읽게 되었는데, 그만 큰 충격을 받고 말았습니다. 무당의 큰집쯤으로 여겼던 불교 책에서, 성경을 몇 번이나 읽어도 풀리지 않던 답이 있었으니까요. 눈을 떼지 않고 세 번이나 반복하여 읽었을 정도로 그 충격은 엄청났습니다. 그랬으니 그 후 그가 겪어야 할 갈등 또한 만만찮았음을 짐작할 수 있을 것입니다. 이 글 곳곳에 그의 처절했던 갈등이 묻어나고 있습니다. 읽는 분은 다 알게 되겠지만, 그 갈등은 단지 그분 개인만의 것이 아닌, 이 시대 이 땅에서 살아가는 우리 모두의 것임을 공감하게 될 것입니다.

4

꽃은 떨어지기 전에 가장 많은 향기를 뿜는다고 했던가요. 그는 어렸을 때부터 몸이 허약했던 터라, 감기증상으로 병원에 입원한 지 불과 10여 일만인 2002년 12월 21일 급성백혈병으로 안타깝게도 이승과 인연을 달리했습니다. 그러나 그분 마음의 향기와 같은 이 글이 남았으니, 이를 어찌 우연의 일이라고만 하겠습니까?

하지만 선문(禪門)의 선지식들께서 불립문자(不立文字)를 세우신 것에 맞추어보면, 그분의 마음을 마주함과 같을 수야 있겠습니까. 이에, 아래와 같이 간절히 기원합니다.

"부디, 임께서는 새로운 몸을 입고 속히 사바세계에 오셔서 직접 법을 가르치시기를 삼가 기원합니다[速還娑婆 再明大事]."

5

    2,600여 년 전, 인도의 '유마거사'와 '수자타'의 인연이 이제 김일수 님을 거쳐 우리에게 이르렀듯이, 그렇게 인연된 많은 분들의 요청으로 이 책을 다시 간행하게 되었습니다. 마침 유족들을 대표하여 부인, 이성진 씨께서 책 내는 일체의 일을 카페의 안영선 대표에게 맡긴다는 위임장을 써주셨습니다.

    때에, '도서출판 도피안사'를 설립하여 뜻 깊은 '광덕스님 시봉일기' 시리즈를 펴내고 있는 송암스님께서, 어느 날 조계사 앞에서 일을 보고 있는데 평소 알고 지내던 선객(禪客)인 보문스님을 우연히 만났고, 보문스님은 선배인 송암스님을 보자마자 이 책에 대해서 설명하며, 꼭 이 책을 송암스님이 출판해야 한다고 간곡히 부탁하더랍니다. 어찌나 간곡히 청하던지, 송암스님은 그의 청에 못 이겨 "그러면 책이나 어디 한 번 봅시다"라고 했고, 보문스님은 송광사 선방으로 돌아가던 길로 바로 복사본을 보내왔더랍니다. 이러한 인연으로 카페 대표인 안영선 님이 안성 도피안사에 가서 송암스님을 만나 뵙고 책 간행에 대한 절차를 마쳤습니다.

    이처럼 우리들과 인연을 맺게 된 송암스님께서는, 마치 고인과 이승에서 다하지 못한 무슨 인연이 있는지 밤낮을 가리지 않고 이 원고에 매달렸습니다. 문장이나 자구(字句), 불교교학에 이르기까지 세밀하게 살펴주셨고 시리즈로 엮게 되었습니다. 또한 송암스님과 함께 도피안사에서 수행하시는 김재영 교수님께서는 원고를 낱낱이 읽고 지도해 주셨습니다. 바야흐로 이러한 인연덕분에 전혀 새로운 모습으로 이 시리즈가 세상에 모습을 드러내었습니다.

6

이 모두 하나의 불사인연으로 움직이고 있었던 것입니다. 그러나 저희들이 원고를 엮으면서 배움이 일천하고 불법에 대해서는 더욱이 눈먼 이와 다름없는지라, 본래의 의미를 조금이라도 해치지 않았는지 적이 걱정이 앞섭니다. 아무쪼록 다소 부족과 무리가 있어도 독자 여러분들의 혜량을 간구합니다. 다만 유마님이 계시지 않는 이 세상에서 조금이라도 유마님을 느낄 수 있는 계기를 마련한 것으로 직분을 다하려고 합니다.

끝으로 이 책이 나오게 되기까지 출판을 허락해 주신 유가족들과 음양으로 도와주신 회원을 비롯한 모든 분들, 말할 수 없는 노고를 감내하신 송암스님과 김재영 교수님, 사진을 대가 없이 흔쾌히 제공해 주신 실크로드여행사 이상원 대표님, 출판사의 관계자 여러분들께 깊은 감사의 말씀을 올립니다. "감사합니다."

나무마하반야바라밀다

2008년 3월
카페 「유마와 수자타의 대화」 엮은이들 합장